상대의 마음을 훔치는 협상

상대의 마음을 훔치는 협상

김성진

전북대학교출판문화원

머리말

"20대에 법을 공부한 후 세상살이가 쉬워졌고, 40대에 협상을 공부하자 세상살이가 훨씬 더 쉬워졌다."

이 말은 협상이 우리에게 가져다주는 유익함을 설명하기 위해 내가 고르고 고른 문장이다. 내가 조금이라도 더 젊은 시기에 협상을 접했더라면, 혹은 변호사 생활을 시작하기 전에라도 협상을 공부했더라면 하는 아쉬움은 협상을 접한 이후에 그리고 이 책을 쓰는 내내 가졌던 생각이다.

협상을 공부하고서 나는 확실히 더 사람들의 심리를 이해할 수 있게 되었다. 어떻게 하면 상대에게 호감을 얻을 수 있고, 어떻게 하면 그들을 내가 원하는 대로 움직일 수 있게 하는지, 상대를 설득하기 위해서 어떤 것들이 필요한지를 알게 되었다. 동료들과의 관계에서는 부담감 대신에 편안함이 찾아왔으며, 일에 있어서도 막연한 두려움보다는 가벼운 도전을 즐기게 되었다. 가장 중요하게는 사람들의 마음을 얻는다는 것이 얼마나 내 인생을 풍요롭게 해 주는지를 알게 된 것이다.

'협상은 전문가들이나 하는 거 아냐?' 협상을 처음 접해보는 독자들은 모두 그렇게 생각할 것이다. 나도 협상을 접하기 전에는 그랬다. 그러나 우리는 이제 협상을 다시 생각해보아야 한다. 전문가들이 하는 협상도 그렇지만 모든 협상은 상대로부터 무언가를 얻어내기 위한 협의의 과정이다. 그 과정은 이성적인 논의도 필요하지만 대부분은 서로 마음을 주고받는 심리게임의 연속이다. 그런 점에서 보면 우리는 집에서 혹은 일터에서 그리고 일상의 모든 영역에서 협상을 하고 있는 것이다. 협상을 배움으로써 얻는 유익함이 많은 이유가 여기에 있다.

친구들이나 직장 동료들 중에 능력을 인정받고 사람들의 호감을 사는 사람들을 관찰해 보자. 사회적으로 그리고 역사상 뛰어난 인물들을 주목해 보자. 그들에게서 공통적으로 발견되는 것은 사람의 심리를 읽는 능력이 뛰어나다는 것이다.

내 생각에 세계사의 인물들 중에 가장 뛰어난 사람을 꼽자면 카이사르Caesar다. 독자여러분도 잘 알다시피 그는 정치가와 군인으로서 고대 유럽을 오늘날의 유럽지형으로 만들고 로마제국의 초석을 놓은 사람이다. 그는 외모나 재능, 그리고 정치적 자산에 있어서는 그의 경쟁자들에 비해서 부족했지만 사람의 심리를 읽는 능력만은 탁월했다. 그가 상대한 수많은 적들과 정적들, 그의 부하 군인들과 그를 사랑했던 많은 여인들이 그를 넘어설 수는 없었지만 그를 미워하지는 않았다. 그는 다음과 같은 말을 남겼다.

"대부분의 사람은 자기가 보고 싶은 현실만 본다. 그러나 정말 능력있는 사람은 보고 싶지 않은 현실, 남이 보는 현실을 볼 줄 안다."

결국 협상은 상대에게 호감을 얻고 그를 내편으로 만드는 일이고, 상대를 설득하고 그로부터 무언가를 얻어내는 것이다. 이를 위해 우리에게 필요한 것은 강인하고 집요한 협상가의 모습이 아니라 상대를 이해하고 그의 마음을 얻음으로써 상대 스스로 자연스럽게 내 제안을 받아들이게끔 하는 것이다. 길 가는 나그네의 옷을 벗길 수 있는 방법은 매서운 바람이 아니라 따뜻한 햇볕이다.

이 책은 내가 협상을 연구하고 강의를 통해 얻은 지혜를 독자 여러 분들과 나누기 위해 정리한 글이다. 내가 생각하는 협상의 출발점은 사람의 심리를 이해하는 것이다. 이를 위해 심리학이나 행동경제학의 연구결과를 반영하였고 그것을 토대로 전통적인 협상의 전략과 기술도 정리하였다.

이 책에서 독자들의 이해를 돕기 위해 소개한 사례들은 내 개인 혹은 내 수업에 참여한 학생들의 경험이기도 하고, 다른 협상전문가들이나 변호사들 그리고 역사적 인물들의 경험이기도 하다. 국내의 협상 관련 책들을 보면 우리 자신들의 경험이 농축된 사례들이 많지 않다. 서로의 경험을 공유하는 것이 우리 사회를 더 살만한 곳으로 발전시키는 데 도움이 되리라 믿는다. 본인의 협상경험을 보내주실(곳: kimlawyer@naver.com) 독자 분들께 미리 감사의 말씀을 드린다.

마지막으로 독자들이 이 책을 통해서 사람들의 심리를 이해하고 상대의 마음을 얻으려는 노력을 더 함으로써 우리 사회가 좀 더 살만한 세상으로 나아지기를 기대해 본다.

2025년 6월

전북대 로스쿨에서

김성진

차례

제1장

왜,
협상인가?

"결코 두려움에서 나오는 협상은 하지 말라. 그러나 결코 협상하길 두려워하지도 말라."

– 존 F. 케네디(John F. Kennedy)

김회장을 기다리는 시간은 초조하기 그지없었다. 어떤 태도로 그를 대할지, 그에게 현재의 상황을 뭐라고 설명할지 머릿속은 복잡했다. 그날 나는 구속되어 있는 고향친구를 대신해서 김회장을 만나려고 서울 강남의 한 카페에서 그를 기다리고 있었다. 김회장은 내 친구에게 사업자금 10억 원을 빌려주었는데, 친구가 다른 사건으로 구속되면서 제 때에 돈을 갚지 못하자 고소한 사람이었다. 친구는 여러 투자자들로부터 돈을 빌려 장외주식을 거래하는 일을 하고 있었다. 자기 자본이 많지 않은 사람들이 사업을 하면서 겪는 가장 큰 어려움은 자금흐름이 막히는 순간이다. 그 위기를 넘기면 사업은 탄탄대로를 걸을 수 있고, 그 순간을 못 넘기면 전과자가 되기 십상이다. 친구는 그런 상황에서 한 투자자가 사기죄로 고소를 하는 바람에 구속되어 재판을 받고 있는 중이었다. 친구의 경우 당장 자금흐름은 막혀있었지만 부동산 등 현금화할 수 있는 재산이 꽤 있었다. 어떤 이유로든 구속에서 풀려나기만 하면 당장의 사업상의 어려움을 해결할 수 있었는데, 그러기 위해서는 가장 큰 투자자인 김회장으로부터 반드시 고소취하를 받아내야만 했다.

약속한 시간이 다 될 무렵 카페로 들어오는 김회장의 인상은 50대 후반의 전형적인 사업가의 모습이었다. 눈매는 매서웠지만 행동은 여유로웠다. 나는 그에게 다가가 친구의 형사사건을 맡고 있는 변호사라고 소개하고 맞은편 의자에 앉기를 권하였다. 그가 자리에 앉는 순간을 기다려 나는 곧바로 무릎을 꿇었다.

"친구를 대신해서 진심으로 죄송하다는 말씀을 드립니다. 이번에 친구를 한 번만 도와주시면…"

"아니 변호사님께서, 무슨 이런…"

갑작스러운 상황에 당황한 김회장은 얼른 내 자리로 건너와서 나를 일으켜 세우고 앉아서 얘기하자고 했다. 김회장의 손에 이끌리듯 일어나 앉은 이후에 어떠한 얘기가 오갔는지 자세히 기억할 수는 없다. 다만, 당시 최대한 자세를 조아리고 김회장의 얘기를 들어주었던 것은 분명하다.

이 사건에서 김회장은 내 친구를 용서하고 고소를 취하해 주었을까? 물론이다. 다만, 1심 재판이 끝나기 직전에서야 고소 취하서를 써 주는 바람에 나와 친구의 애간장을 태우기는 했다.

나는 로스쿨에서 협상수업을 진행하면서 학생들에게 수많은 협상사례들을 얘기해 주는데, 그중에 이 사례를 제일 먼저 들려준다. 협상수업을 담당하는 교수로서 나름 능력 있는 협상가의 모습을 보여주고 싶기 때문이다. 나는 당시 김회장의 마음을 돌려놓기 위해서 일부러 그 앞에서 무릎을 꿇는 상황을 연출했고, 그 방식은 분명 효과가 있었다.

이런 얘기를 하면 독자들은 내가 꽤나 훌륭한 협상가일 거라고 생각할지 모르겠지만 사실 그렇지는 않다. 나는 로스쿨수업 중에 변호사가 되려는 학생들에게 나중에 변호사가 되면 의뢰인을 위해서 무릎이라도 꿇을 수 있겠는지 물어본다. 그러면 대부분의 학생들은 변호사가 그렇게까지 해야 되나라고 의문스런 표정을 짓는다. 나중에 자세히 얘기하겠지만, 본래 낯 가림도 좀 있는 편이고 적극적인 성격도 아닌 내가 많은 손님들이 있는 카페에서 어떻게 무릎을 꿇을 생각을 했을까? 나 역시 '명색이 변호사인데 굳이 이렇게까지 해야 되나?'라는 생각을 안 한 것은 아니다. 다만, 당시 내게는 일순간의 창피함을 무릅쓰고서라도(당시 나는 '그래 어차피 연기인데…'라는 생각도 있었다) 의뢰인이자 고향 친구인 그 녀석을 위해서는 어떤 행동이라도 해야 할 강력한 동기가 있었다. 그것은 그 친구에 대한 모종의 부채감이었다. 아래는 그 이전의 일이다.

몇 년간 연락이 없어서 잘 지내고 있겠거니 했던 친구는 구치소에 접견을 간 나를 보자마자 잔뜩 억울한 표정을 지으면서 속사포처럼 자기의 사정을 털어놓았다. 친구의 얘기는 다음과 같았다.

친구에게 얼마간 돈을 빌려준 투자자가 있었는데, 친구가 제 때에 장외주식을 거래해주지 못하자 빌려준 돈을 빨리 돌려달라고 재촉하였다. 친구는 투자자에게 시간을 좀 달라고 했는데, 투자자는 기다려주지 않고 빌려준 돈을 빨리 회수하려고 사기죄로 고소하였다. 투자자는 자기가 알고 지내는 경찰관을 통해서 친구가 출석통지를 받고서도 수사를 피하고 있는 상황을 연출하였고, 친구로서는 투자자로부터 고소가 된 줄도 모르고 있는 상태에서 갑작스럽게 경찰에 체포되어 구속되었다.

나는 친구로부터 대강의 사정얘기를 듣고 변론전략을 수립하였다. 경찰단계에서는 충분한 소명을 하지 못하였으니 우선 검찰의 1차 조사에서 황망히 경찰에 체포되어 구속된 배경을 해명하고, 투자자에게 빌린 돈을 변제할 의사나 변제할 능력도 충분하다는 점을 소명하기로 하였다. 친구의 사정을 들어보니 억울하게 구속된 측면도 있고, 빌린 금액도 3,000만 원으로 친구의 자산에 비해서 큰 금액도 아니었다. 무죄를 주장할 수 있는 사정도 충분히 있어서 제대로 조사를 받는다면 구속적부심사를 통해 구속을 면할 수도 있을 것 같았다.

검찰조사가 있던 날, 조사과정에 참여하기 위해서 검사실을 방문하였다. 이윽고 교도관이 친구를 데리고 왔는데, 나는 그 모습에 놀라지 않을 수 없었다. 친구의 손목에는 수갑이 채워져 있고, 양팔은 포승줄로 묶여 있었다. 친구가 입은 수의는 더욱 가관이었다. 여기저기 낡아서 헤어져 있고, 옷도 맞지 않아서 키가 큰 편인 친구의 팔과 다리는 옷 밖으로 삐어져 나와 있었다. 나는 친구의 행색이 너무나 측은하고 초라해 보였으므로 검찰 수사관에게 수갑과 포승을 풀어준 상태로 조사해 주기를 요구하였다. 수사관은 조사에 변호인이 참여하는 것도 못마땅하던 차에 그와 같은 요구를 듣자 잔뜩 불만 섞인 말투로 지금까지 그런 적이 없다며 거절하였다. 나는 이 문제로 수사관과 말다툼을 하는 게 싫어서 안쪽에 있던 검사와 대화를 시도하였다.

"검사님, 지금 피의자는 무죄를 주장하고 있어서 도망가거나 난동을 피울 이유가 전혀 없습니다. 수갑과 포승을 푼 상태로 조사해 주시기를 바랍니다."

"예에? 무슨 말씀이세요? 저희는 지금까지 피의자를 조사하면서 그렇게 해준 적 없습니다. 그리고 저희가 피의자가 도망을 갈지 안 갈지, 자해를 할지 안 할지 어떻게 알겠어요."

"검사님, 저는 피의자의 고향친구이기도 합니다. 제가 보증하겠습니다."

"제가 변호사님을 처음 보는데 그걸 어떻게 믿습니까?"

검사의 목소리가 커지면서 분위기가 싸늘해지자 친구는 그 상태로 조사를 받겠다고 눈치를 주었고, 나 역시 검사와 더 이상 논쟁해 봐야 좋을 게 없다고 생각해 조사에 응하기로 하였다.

그러나 검사실의 분위기는 이미 차가워져 있었다. 서로 기분 좋은 상태에서 조사에 응해도 그들이 친구에게 우호적인 내용을 조사에 반영시켜 주리라는 보장도 없는데 처음부터 논쟁으로 시작하였으니 우리가 의도했던 대로 조사가 진행될 리가 없었다. 그렇게 불리하게 조사된 내용을 가지고는 구속을 면할 방법이 없었다. 이후 구속기간이 길어지자 친구의 사업은 점점 수렁으로 빠져들었다. 여기저기서 고소장이 날아들고 그럴수록 재판은 길어졌다.

내 친구가 구속되었을 때는 아직 피의자의 인권이 중요시되는 세상이 아니었다. 당시 수사기관에서는 구속된 피의자를 조사할 때 포승줄이나 수갑을 착용하는 것이 당연한 관행이었다. 그런데도 내가 친구를 자유롭게 풀어달라고 요구했으니 수사관이나 검사의 입장에서 보면 황당하게 느껴졌을 것이다. 헌법상 무죄추정의 원리나 신체의 자유 측면에서 보면 내 요구는 정당했다. 그 후 몇 개월 뒤에 헌법재판소는 내 주장이 옳다는 것을 확인[1]해 주었지만, 친구는 결과적으로 불리한 상황으로 내몰리게 되었다.

내가 친구의 사건을 처리했던 과정을 협상의 관점에서 돌이켜 보면 잘못한 점도 있고, 잘한 점도 있다. 이 책에서 사용하는 협상의 방법을 가지고 설명하면 다음과 같다.

① 협상의 목적에 집중하기

검찰조사 시에는 친구의 측은한 모습에 감정이 휘둘려 본래의 변론 전략을 잃어버렸다. 협상에서는 감정이 앞서게 되면 아무리 훌륭한 협상 전략을 준비하더라도 무용지물이 될 수 있다. 그 뒤 김회장과의 대면에서는 만남의 목적에 집중하면서 카페 손님들의 호기심어린 시선을 극복할 수 있었다.

② 상대의 마음을 훔치기

협상은 결국 사람의 마음을 얻는 심리게임의 일종이다. 검사와의 만남에서는 첫 대면임에도 불구하고 우호적인 관계 맺기에 실패하였고 그 결과는 치명적이었다. 내가 아무리 옳은 생각을 가지고 있더라도 상대와의 첫 대면에서부터 논쟁을 하면 안 된다. 절대로! 절대로! 이미 실패한 바가 있기 때문에 김회장과의 만남에서는 그 점을 특별히 주의하였다. 김회장이 친구에 대해서 어떤 비난을 하더라도 그의 입장에서 변명이나 반박으로 들릴 수 있는 얘기는 절대로 하지 않으려고 노력하였다. 또한 무릎 꿇기를 통해 상대보다 낮은 자세를 취함으로써 상대로부터 관대함을 얻어내려는 시도를 하였다. 김회장의 마음을 훔쳤다는 점에서 나의 시도는 성공하였다고 볼 수 있다.

③ 점진적으로 접근하기

상대로부터 무언가를 얻어내기 위해서는 먼저 인간적인 소통을 통해서 상대와의 거리를 좁힌 이후에 제안을 해야 한다. 상대가 나를 잘 알지도 못하고, 전혀 신뢰가 형성되어 있지 않은데 대뜸 자신의 요구사항부터 내놓는 것은 아무런 효과가 없다. 나는 막연히 '수사관을 상대하기보다는 같은 법률전문가인 검사를 상대로 법 논리로 얘기해 보면 대화가 되겠지'라는 생각으로 친구를 풀어달라는 요구를 하였지만 그것은 섣부른 제안이었다. 당시는 수사과정에 변호인의 참여가 일반화된 시기도 아니어서 그들은 내가 조사에 참여하는 것도 불편하였을 것이다. 그런데 처음부터 다짜고짜 친구의 몸을 풀어달라고 요구하다니 그동안의 관행에 비추어 또한 협상의 관점에서도 그들에게는 터무니없는 요구였을 것이다.

법률가와 협상

▼

'법률가와 협상' 이는 로스쿨에서 내가 맡고 있는 수업의 명칭이다. 변호사로 일을 시작하게 된 나는 아무래도 다른 사람들에 비해서 협상할 일이 많았다. 그런 이유로 이 책에서 소개하는 사례의 상당수도 변호사의 일과 관련되어 있다. 사실 변호사의 일 자체가 사람들을 만나고, 의뢰인의 문제를 해결해주기 위해서 그들의 상대방이나 단체 혹은 국가기관을 상대해야 하는 일이므로 일 자체가 협상이라고 보면 된다.

변호사로서 사건을 수행하기 위해서는 먼저 의뢰인을 확보해야 한다. 사람들은 자신이 신뢰하지 않는 사람에게는 결코 일을 맡기지 않는다. 변호사 일의 본질이 사람들의 신뢰를 먹고산다고 할 수 있다. 변호사로 성공하기 위해서는 사람들로부터 신뢰를 얻어야 하고, 그러기 위해서는 다양한 사회활동을 해야 한다. 사람들과 개인적인 친분도 쌓고, 친목 모임이나 각종 연고모임에서도 활발히 활동을 해야 하며, 언론이나 각종 사회단체 등에서 공적인 활동들도 열심히 해야 한다. 그 와중에 사람들의 신뢰를 얻어 일을 맡게 되면 위임계약을 체결하면서 수임료 등 여러 가지 세부내용을 정하는 데 이 모든 게 협상이다. 일부 변호사들은 M&A 업무를 통해서 직접 의뢰인을 대신해서 기업 간의 협상을 전문으로 수행하기도 한다.

변호사의 일 자체는 본질이 상대를 설득하는 일이다. 경찰이나 검찰 그리고 법원이나 국가기관을 상대로 하는 일은 의뢰인의 입장을 대변해서 거기에 법률전문가로서 법리적인 도움을 제공하고 사건이 우리 쪽으로 유리하게 전개될 수 있도록 상대를 논리적으로 설득하는 일이다. 그 과정은 문서를 통해서든 직접 말로써 변론하는 방식이든 다양하다. 또한 사건의 처리는 소송과 같은 대립적인 방식으로 이어지기도 하지만 의뢰인을 대리해서 조정이나 합의로 해결하기도 한다. 상대를 논리적으로 설득해 내고 조정이나 재판을 통해서 의뢰인에게 이익을 얻어주는 행위 자체가 모두 협상이라 할 수 있다.

사람들은 으레 변호사들이 협상을 잘할 것으로 생각하고 그렇게 기대한다. 과연 그럴까? 그 간의 경험 그리고 협상의 관점에서 비추어 보면 일부는 맞고 일부는 맞지 않다.

변호사들이 협상을 잘할 수 있다고 보는 것은 그들이 법률전문가이기 때문이다. 나는 이 책 제8장에서 협상의 전략으로 '기준의 활용'이라는 주제를 다룰 터인데 이는 법을 배운 사람들에게 유리한 협상방법이다. 법률 규정은 대체로 원칙과 예외로 구성되어 있고, 그런 내용들이 정치·사회의 문제나 사람들 사이의 분쟁을 해결하는 하나의 기준으로 활용된다. 법률전문가인 변호사들은 자신의 주장이나 제안의 타당성을 높일 수 있는 기준을 잘 활용할 수 있다. 또한 재판 자체가 상대와 논리 대 논리로 다투는 과정이기 때문에 변호사들은 일하는 과정에서 자연스럽게 토론능력이 훈련된다. 이때문에 변호사는 논리적인 설득이 필요한 협상에서 능력을 발휘할 수 있는 것이다.

그런데 훌륭한 협상가가 되기 위해서 갖추어야 할 능력이 비단 그것뿐 만일까? 그렇지 않다. 만약 변호사가 단지 법을 잘 알고 그에 따라 논리적인 주장이 필요한 협상은 잘하면서도 다른 협상의 방법에 대해서는 잘 모르고 있다면 그는 훌륭한 협상가라고 할 수 없다. 다음에서 보듯이 경우에 따라서는 법을 안다는 것이 오히려 협상력을 떨어뜨릴 수도 있다.

작년 여름 장인어른이 돌아가신 후에 묘비설치와 관련된 계약은 변호사인 내가 담당을 했다. 묘비설치와 관련된 절차를 상담해 주던 직원은 내게 묘비에 기재할 장인어른의 이름과 한자명, 출생지, 묘비에 들어갈 문구 등의 사항을 정확하게 알려주도록 당부를 했다. 나는 장인어른의 출생지에 대해서는 이미 돌아가신 장인어른 형님의 묘비를 핸드폰으로 찍어놓은 게 있어서 그것을 직원에게 건네주었다. 직원은 사진을 보고서 묘비에 들어갈 내용들을 타이핑한 후에 프린트로 출력해서 내게 보여주었다. 직원은 최종 검수과정이니 꼼꼼하게 봐달라고 했다. 지금 잘못된 내용을 지적해주지 않으면 묘비가 잘못 나오고, 나중에 비문을 고칠 경우에는 추가로 비용이 들어간다고 했다. 나는 비문 내용을 신중히 읽어보고 계약서에 서명을 했다.

장례 이후, 49제에 맞춰 다시 장인어른의 묘지에 갔을 때 문제가 발생했다. 묘비에 새겨진 출생지가 황해도 '옹진군'이 아니라 '웅진군'으로 잘못 표기되어 있던 것이다. 각시는 내게 화를 내면서 "어떻게 일 처리가 그 모양이냐, 당장 비문제작회사에 연락해서 고쳐 달라 요구하라."라고 했다. 나는 내 실수에 스스로 짜증도 나고 해서 "'옹진'이나 '웅진'이나 별로 차이도 없는데 그냥 넘어가자."라고 했다. 비문제작 계약서에도 계약 당사자가 검수한 이후에는 회사의 책임을 면책하는 조항이 있기 때문에 추가비용을 부담하면서까지 수정할 필요는 없다는 생각이 들었다. 그러나 딸인 각시의 생각은 달랐다. 각시는 아빠의 잘못된 비문을 그대로 놔둘 수는 없다며 자기가 직접 회사 측과 얘기해 보겠다고 했다.

비문을 수정해 달라는 각시의 요구에 직원은 내가 예상했던 대로 계약서의 면책조항을 들어 회사 측에는 책임이 없다면서 수정하려면 추가비용 30만 원을 부담하라고 했다. 그럼에도 각시는 직원의 요구에는 응답하지 않은 채로 대화를 이어갔다.

"이 일을 하시다 보면 종종 이런 문제로 비문의 수정을 요구하는 유족들이 있지 않나요? 유족들은 돌아가신 분 때문에 슬프기도 하고 장례 때문에 정신이 없기도 하니까요. 그때마다 유족들과 논쟁하다 보면 많이 힘드시겠어요?"

"아, 예 그런 경우가 좀 있지요."

"저희 남편이 꼼꼼히 확인하지 못한 잘못도 있지만 직원도 실수한 부분이 있지 않은가요?"

"예, 그런 점도 있지요."

각시와의 계속된 대화에서 직원은 비문 수정비용을 50% 할인해주겠다고 제안을 했다. 각시는 그럼에도 굴하지 않고 계속 협상을 진행했다.

"유족이 묘비를 사진으로 찍어 보여드리고 직원이 이를 옮겨 적다가 잘못 옮기는 경우는 흔치 않은 경우지요?"

"……"

"행정구역 명칭인 옹진군을 '웅진군'으로 잘못 옮겨 적을 수도 있지만, 반대로 그와 같이 잘못 기재한 내용을 확인하는 과정에서 발견해 내는 것도 쉬운 일은 아니지요?"

끈질긴 각시의 설득에 결국 직원은 추가비용을 요구하지 않고 비문을 수정해 주기로 했다.

이 일에서 알 수 있듯이 각시는 어떤 면에서는 변호사인 나보다도 협상을 더 잘한다. 그래서 우리는 집안일로 협상할 일이 생기면 대체로 나보다는 각시가 나서서 해결한다. 각시는 내게서 따로 협상수업을 들을 정도의 인내심은 없지만 비문협상에서 다음과 같은 협상방법을 사용하였다.

① 욕망하기

협상에서 내가 얻을 수 있는 이익에 대해 크게 생각하고, 목표한 바를 이루기 위해서는 포기하지 않는 자세가 중요하다. 상대의 거절은 협상의 시작이다. 이 부분이 협상가로서 각시의 큰 장점이다. 실수한 것에 얽매여 아예 협상을 시도조차 해보지 않는 나와는 판이하게 다르다. 나는 안 되는 쪽에 초점을 맞추었지만 각시는 가능한 쪽인 상대의 실수에 초점을 맞추었다.

② 공감해 주기

각시는 종종 유족들의 민원에 시달릴 수밖에 없는 직원의 감정을 이해해 주는 대화방식을 사용함으로써 상대가 내 문제에 대해서 우호적으로 도와줄 수 있는 분위기를 조성하였다. 그와 같은 인간적인 접근은 상대의 마음을 훔치는 자연스런 방식이다. 자칫 목소리가 커질 수 있는 민원성 요구를 하면서도 상대와 논쟁으로 흐르지 않게 차분히 대화를 시도한 것도 효과적인 대화방식이다.

③ 예외의 적용을 요구하기

협상에서 사용할 수 있는 기준에는 원칙만 있는 것이 아니다. 예외의 적용을 요구하는 일을 습관화할 경우에는 종종 큰 혜택을 얻을 수 있다.

각시의 비문협상에서 알 수 있듯이 협상의 관점에서 보면 법을 잘 안다는 것이 장점도 있지만 다음과 같이 단점으로 작용하기도 한다.

첫째, 변호사는 어떤 문제의 해결에 있어서 우선적으로 법에 따른 기준이나 원칙을 활용하는데 문제는 그에 따라 주장하거나 요구할 수 있는 범위를 한정해 버린다는 것이다. 법이 올가미로 작용하는 경우다. 상황에 따라서는 혹은 사람과의 관계에 따라서는 얼마든지 그 이상의 이익을 얻어낼 수도 있고 다른 해결책이 있을 수 있다. 그런데도 그것을 찾아보려는 노력은 하지 않고 기존에 알고 있는 기준에서 타협해 버린다. 법에 관한 지식이 협상에 있어서는 한계로 작용하는 것이다. 그런 경향은 상대가 먼저 기준을 제시했을 경우에도 나타난다. 스스로 판단하기에 상대가 제시한 기준이 특별히 부당한 경우가 아니라면 그 기준을 넘어서 더 큰 이익을 찾아보려는 노력을 하기보다는 손쉽게 그가 제시한 해결책을 따른다. 그와 같은 태도는 의뢰인의 사건을 처리하면서도 나타나는데 그로 인해 의뢰인은 더 큰 이익을 얻을 기회를 놓칠 수도 있다.

둘째, 변호사는 기준 외의 다른 해결방법을 찾으려는 노력을 등한시하는 것에서 나아가 그런 방식에 대해 부정적으로 생각하기까지 한다. 법이나 원칙에 따른 해결을 중요하게 생각하면서 상대와의 논쟁을 즐겨하는 변호사들이 더욱 그렇다. 그들은 합의나 조정에 의한 해결을 자신의 주장이나 논리에 자신감이 없는 것으로 생각한다. 또한 자신이 생각하는 원칙이나 신념을 포기하고 비굴하게 타협하는 것으로 생각하기도 한다. 그런 경향으로 인해서 타협 혹은 협상에 의한 문제해결을 등한시하고 그러한 능력을 키울 생각을 못하는 것이다.

이와 같은 법률가들에 대한 평가는 협상에 관심을 가지기 이전의 나의 모습이기도 하다. 변호사로 일을 시작하고 지금은 로스쿨에서 학생들을 가르치고 있지만 협상에 관심을 가지기 이전의 나는 법과 원칙, 논리와 이성, 신념, 냉철한 사고 등과 같은 용어에 친숙하였다. 그런데 협상에 관심을 가지기 시작한 이후에는 법률가의 문제해결 능력에 위와 같은 한계가 있다는 점을 새롭게 인식하게 되었다.

법률가가 협상가로서의 능력에 한계가 있다는 점을 극명하게 보여주는 것은 정치의 영역이다. 정치에서 다뤄지는 문제들은 궁극적으로 입법을 통해서 해결된다. 따라서 법률가들이 정치에 입문하는 것은 어느 국가에서나 자연스런 현상이다. 그런데 수많은 법률가 출신 정치인들 중에 정치인으로 성공한 사람은 극소수에 불과하다. 나는 성공한 정치인에게는 '정치가'라는 호칭을 붙여주는데, 내가 볼 때 우리나라 법률가 출신 정치인 중에 정치가라는 호칭이 어울리는 사람은 노무현 외에는 보이지 않는다. 정치인 노무현에 대해서는 그가 대통령이 되기 이전부터 알고 있었지만 그의 정치인으로서의 자질이 가장 인상 깊게 다가왔던 것은 2002년 민주당 대통령후보 경선에서의 연설이다. 당시 대세론을 등에 업고 세몰이를 하고 있던 이인제 후보(그도 법률가다)는 다크호스로 떠오르고 있던 노무현 후보를 견제할 필요가 있었다. 그는 경선연설을 통해 노무현의 장인이 6·25 전쟁 당시 빨치산이었다는 사실을 공개한다. 한국사회의 고질병인 레드컴플렉스로 노무현을 공격한 것이다. 이에 대해 노무현은 다음과 같은 연설로 반격한다.

> "제가 이 나라의 대통령이 되는 데 있어 얼굴도 보지 못한 장인이 50년 전에 빨치산이었다는 것이 뭐가 문제란 말입니까? 여러분! 그렇다면, 제가 대통령이 되기 위해서 40년을 함께 한 아내를 버려야 한다는 말입니까? … 대통령을 안 했으면 안 했지, 저는 그런 짓 못하겠습니다. 여러분!"

노무현은 단 몇 마디의 말로 상황을 완전히 반전시켜 버렸다. 그 뒤의 결과는 독자 여러분도 잘 알고 있으니 생략한다. 만약 노무현이 법률가의 한계에 머문 사람이었다면 다음과 같은 반론을 펴지 않았을까? 이인제 후보도 그걸 기대했을 테니 말이다.

> "저의 장인이 빨치산 활동을 했다는 것은 제가 들어본 적도 없고, 사실도 아닙니다. 증거가 있다면 공개하세요! 설사 장인이 빨치산 활동을 했다고 하더라도 우리 헌법은 가족 간에 연좌제를 금지하고 있습니다. 그것 때문에 저의 정치활동에 장애가 될 수는 없습니다! 또한, 이제 우리는 북한과 교류와 통일로 나아가야 할 시기입니다. 50년 전의 좌익 활동을 가지고 공격을 하는 게 정당한 일입니까? 여러분!"

사실 노무현이 대응한 방식은 이 책 제8장 기준의 활용 편에서 다루고 있는 내용으로 프레이밍을 통한 프레임의 전환에 해당한다. 먼저 이인제 후보는 '가족의 좌익 경력이 대통령이라는 공적인 임무를 수행하는데 적합한가?'라는 관점으로 공격을 한다. 그런데 노무현은 '그것 때문에 사랑하는 아내를 버리는 것이 인간적으로 옳은가?'라는 관점으로 방어를 한다. 쉽게 상상하기 어려운 코페르니쿠스적 전환이다. 이러한 노무현의 능력은 단순히 화술로만 설명할 수는 없다. 그것은 그가 대통령이 되기 전후로 여러 부문에서 익히 보여준 대로 법률가로서의 한계를 뛰어넘어 정치가로서의 자질을 충분히 갖추었기 때문이다.

정치는 본래 타협의 산물이다. 그런데 타협을 등한시하는 사람들이 정치인으로 성공할 수 있을까? 법률가들은 본래 법적으로 '옳은지 그른지, 정당한지 부당한지, 권리가 있는지 없는지'라는 관점으로 세상을 보려는 경향이 있다. 그것도 법을 다루는 정치인들에게 필요한 자질이기는 하다. 그러나 거기에 머물러서는 정치인으로 성공할 수 없다. 그런 정치인들이 많다 보면 정치는 상대를 타도해야 할 대상으로 몰아세우는 투쟁의 정치가 되기 쉽다. 그에 따른 결말은 정치의 사법화이자 정치의 실종이다. 현재의 우리 정치가 그것을 잘 보여주고 있다.

정치인은 우리 사회의 다양한 이해관계를 조정해 내는 협상가 혹은 조정자로서의 역할을 해야 한다. 우리 사회가 현재를 넘어서 어떠한 방향으로 나아가야 할지 미래의 방향성을 제시하는 리더십을 발휘해야 한다. 그럴 수 있는 정치적 상상력이 필요하다. 법률가의 특성 혹은 한계를 넘어서서 정치인으로서의 자질을 보여줄 수 있는 정치가가 많아져야 우리 정치가 발전한다. 그러기 위해서는 법률가들이 협상의 관점으로 문제를 해결하는 것에 대해 더 많은 관심을 가져야 한다.

그것은 내가 로스쿨에서 협상을 가르치는 이유이다. 나는 학생들에게 법률가의 한계를 뛰어넘을 것을 요구한다. 협상의 관점으로 세상을 보면 많은 의뢰인을 확보할 수 있고, 의뢰인에게 권리 이상의 이익을 가져다줄 수 있다고 얘기한다. 사회에서 더 크고 더 넓게 활동하려면 법률가의 한계를 뛰어넘는 사고를 하라고 요구한다. 그리고 협상의 관점으로 세상을 보는 것은 법률가뿐만 아니라 인생을 풍요롭게 살고자 하는 모든 사람들에게도 필요하다.

삶이 협상이다

▼

우리는 매일 같이 협상을 한다. 협상을 연구하고 가르치는 나도 그렇고 이 책을 읽고 있는 독자들도 일상의 생활 속에서 협상을 한다.

우리는 흔히 협상하면 세련된 정장을 차려입은 각국 정상들 혹은 전문 외교관들의 국제무대에서의 협상을 떠올린다. 아니면 인질범이나 테러집단을 상대로 하는 긴박한 협상의 현장을 떠올릴 수도 있다. 그러나 우리가 협상을 하는 이유가 무언가를 얻고자 하는 데 있는 이상 그런 전형적인 경우만을 협상이라고 생각할 필요는 없다. 우리는 갓 태어나서 엄마의 젖을 얻기 위해서 울음을 터뜨리는 행위로 협상을 시작한다. 어린아이 때는 다른 형제들보다 더 많은 사랑을 얻기 위해서, 커가면서는 최신 핸드폰을 사기 위해서 혹은 더 많은 용돈을 타내기 위해서 부모에게 떼를 쓰기도 한다. 친구들과 여행을 어디로 갈지 무엇을 하며 놀지를 정하는 데도 서로 간에 밀고 당기는 과정이 필요하다. 이제 연애를 할 나이가 되어서는 이성에게 매력적으로 보이기 위해서 외모도 멋지게 가꾸고 어떻게 하면 상대의 관심을 얻을 수 있을지 온갖 궁리를 한다. 이제 본격적으로 직업전선에 뛰어들게 되면 삶은 더 치열해진다. 면접관에게 잘 보여 취업에 성공하는 것부터가 시작이다. 직장에서는 상사에게 인정받기 위해서 치열하게 눈치를 봐야 하며 성공적인 직장생활의 결과는 연봉협상으로 귀결된다. 거래처를 상대로 더 싼 가격에 원자재를 구입해야 하고 우리 회사의 제품은 더 비싸게 팔아야 한다. 직장인들도 그렇지만 자영업자들의 영업은 가장 치열한 삶의 현장이다. 이제 가정을 꾸리게 되면 자녀를 훈계하고 교육을 잘 시키기 위해서 아이들을 어떻게 다루어야 할지 고민이 시작된다. 이렇듯 우리는 이 모든 삶의 과정, 그리고 일상의 생활 속에서 무언가를 얻기 위해서 협상을 하고 있다.

어떤 사람이 협상을 잘할까? 협상능력은 타고나는 것일까? 주변을 둘러보면 분명히 태어나면서 특별한 협상능력을 가지고 있는 사람도 있다. 이는 그들이 협상에 필요한 모든 것을 가졌다는 의미는 아니다. 협상에 필요한 능력은 여러 가지인데 그들의 본래 성격 중의 일부가 협상에 장점으로 작용한다는 것이다. 내가 협상을 연구하고 가르치면서 느끼는 바는 협상능력이라는 측면에서 보면 사람들마다 모두 저마다의 장점이 있고 단점을 가지고 있다는 것이다. 각자의 성격이 협상에 장점으로 작용하기도 하고 반대로 단점으로 나타나기도 한다. 내 경우를 보면, 본래 성격이 내향성이기도 하고 자기주장을 강하게 하는 편이 아니다. 그러다 보니 무언가를 얻기 위한 욕구가 강하지 않은 편인데 이는 협상에 불리하게 작용한다. 반면에 나의 그런 성향을 아는 사람들은 내가 요구하기 전에 먼저 챙겨주기도 하고 내 요구에 대해서는 내 말을 더 신뢰해 준다. 나와 반대 성향을 가진 사람들은 어떨까? 그들이 무언가를 얻으려는 욕구나 자기주장이 강하다는 것은 분명 협상에 유리한 자질이다. 그러나 그런 면이 때로는 욕심쟁이로 비칠 수도 있기 때문에 그를 상대하는 사람들에게 더 긴장감을 유발한다는 점에서 보면 협상에 부정적인 측면으로 작용한다. 요컨대, 협상을 잘하기 위해서는 협상에 필요한 요소 중에 내가 가진 장점이 무엇인지를 파악하고 내게 어떤 능력이 부족한지를 깨달아 그것을 개선하기 위한 노력을 해야 한다는 것이다.

협상능력은 삶을 살아가는 과정에서 경험에 의해 좋아지기도 한다. 영업사원이나 서비스 직종에서 일하는 사람들은 직업적으로 많은 사람들을 상대하면서 협상능력이 길러지기도 한다. 내 경우는 법을 공부하고 변호사 생활을 하면서 그에 관련된 협상능력이 분명히 나아진 측면도 있지만 전반적으로는 많은 아쉬움이 있다. 돌이켜 보면, 법이라는 기준을 활용해서 이성적이고 논리적인 주장을 통한 협상은 잘했을지는 몰라도 인간관계를 맺는 방식이나 사람의 심리를 이해하고 설득하는 등의 다른 협상능력은 많이 부족했다. 그 배경에는 무언가를 얻기 위해서 내 요구나 주장의 정당성 외에 협상의 다른 요소들이 필요하다는 것을 미처 몰랐던 것이 가장 큰 이유다.

내가 협상에 관심을 가지게 된 계기는 내 전공인 노동법과 관련이 있다. 나는 대부분의 법학자가 그렇듯이 노동법의 주요 이슈인 노동조합과 사용자 간의 단체교섭에 대해서 법적인 측면에서만 관심을 가지고 있었다. 그런데 어느 순간 당사자들의 교섭과정은 실제로 어떻게 진행될까라는 데에 호기심이 발동하였고, 그 즉시 협상에 관련된

다양한 책들을 읽어보면서 협상의 세계에 발을 들이게 되었다. 내가 협상을 공부하면서 줄기차게 느낀 바는 왜 좀 더 일찍 협상에 눈을 뜨지 못했을까 하는 아쉬움이다. 그것은 비단 일 측면에서만 그런 게 아니라 인간관계나 가정 내에서의 부부관계, 그리고 자녀와의 관계에서도 그렇다. 삶의 일상이 협상이듯이 그동안의 내 인생의 모든 면에서 여러모로 아쉬움이 들었다. 그런 이유로 나는 내 수업을 듣는 학생들에게 회한을 담아 "20대에 법을 공부한 후 세상살이가 쉬워졌고, 40대에 협상을 공부하자 세상살이가 훨씬 더 쉬워졌다."라고 얘기해 준다.

협상을 공부하기 이전의 나와 현재의 나는 확실히 많이 달라졌다. 그 점은 내 각시가 보증할 수 있다. 내가 그랬던 것처럼 독자 여러분들도 협상을 배우고 자신의 삶에 적용한다면 다음과 같은 다양한 혜택을 누릴 수 있을 것이다.

첫째, 자신을 더 잘 이해할 수 있다. 협상에 관심을 가지면 누구나 자신의 협상스타일을 찾아가는 과정을 겪게 되는데 그 과정에서 과거의 나를 되돌아보고 자신의 성격이나 협상성향을 더 잘 파악하게 된다.

둘째, 인간관계가 한층 개선된다. 협상을 잘하기 위해서는 타인을 이해하는 것이 특히 중요하다. 협상을 위해 타인의 협상성향을 분석하는 노력을 하다 보면 자연스럽게 사람들과의 관계가 좋아질 수밖에 없다.

셋째, 문제해결 능력이 향상된다. 우리는 삶의 일상에서 여러 가지 해결해야 할 문제들에 부닥친다. 그런데 협상에 관심을 가지게 되면 문제해결 과정에서 정해진 원칙이나 방법이 아닌 유연하고 다양한 방식을 찾아내 적용할 수 있는 능력이 생긴다.

넷째, 우리는 협상의 다양한 요소들을 통해 사람들과의 관계 맺기에 능숙하게 대처할 수 있게 됨으로써 자신의 일과 삶에서 더 큰 성공을 거둘 수 있다.

협상이란 무엇인가?

▼

협상을 정의하는 것으로부터 협상의 문으로 들어가 보자. 협상에 관한 나의 정의는 이렇다. 협상은 사람 사이에 주어진 문제에 대해 상대의 감정과 인식, 행동을 변화시켜 서로의 이익을 극대화시키는 협의의 과정이다. 세 가지 관점으로 나눠서 살펴본다.

1. 문제해결을 위해서는 상대의 감정과 인식, 행동을 변화시켜야 한다.

이에 대해서는 와튼스쿨의 스튜어트 다이아몬드Stuart diamond 교수가 그의 명저인『어떻게 원하는 것을 얻는가?』에서 인용했던 학생의 협상사례로 설명해 보자. 내가 본 가장 인상 깊은 사례[2] 중 하나다.

> 와튼스쿨에서 협상수업을 듣는 한 여학생은 방학을 이용하여 여행을 하려다가 연결항공편의 연착으로 공항에 늦게 도착한다. 뛰어가서 탑승수속을 밟았지만 탑승게이트는 이미 닫혀 있다. 너무나 가고 싶었던, 기다리고 기다렸던 여행인지라 어떻게 해서든 그 비행기를 타고 싶다. 게이트 앞에 서 있는 공항직원에게 탈 수 있게 해달라고 부탁을 해도 "탑승시간이 지났다. 항공사 규정상 안 된다"는 답만 돌아온다. 그래도 탈 수 있는 방법이 있지 않을까 하고 주위를 둘러보니 창밖으로 이륙을 준비하는 비행기가 보인다. 급히 창가로 이동해서 바라보니 자신이 본래 타려고 예약했던 비행기다. 조종실이 보이는데 기장은 여기저기 기계를 조작하면서 이륙을 준비하고 있다. 여학생은 간절

한 눈길로 조종실을 바라보면서 기장이 자신을 봐주기를 기다린다. 그때 마침 기장이 고개를 돌려 창문 쪽을 바라보다가 여학생을 발견하고 눈길이 마주친다. 여학생은 간절한 눈빛으로 발을 동동 구르며 타고 싶다는 신호를 보내고, 그 사이 들고 있던 가방을 '툭' 떨어뜨린다. 그 순간 기장은 고개를 끄덕이며 전화를 들어 게이트의 직원에게 여학생을 들여보내라고 지시한다.

협상은 상대가 있는 게임이다. 따라서 협상을 성공시키기 위해서는 나와는 다른 상대의 감정, 인식, 행동을 변화시켜 합의의 장으로 이끌어낼 수 있어야 한다.

먼저, 상대로부터 무엇을 얻기 위해서는 상대가 자신에게 우호적으로 대할 수 있도록 그의 '감정'을 변화시켜야 한다. 사례에서, 여학생의 간절한 눈빛과 동동거리는 손짓발짓의 행동은 기장에게 간절히 그 비행기를 타고 싶다는, 타야 한다는 신호 혹은 대화를 시도한 것이다. 이를 통해 사무적으로 일을 하던 기장이 '정말 타고 싶은가 보다. 불쌍하다'는 생각이 들도록 그의 감정을 변화시켰을 것이다. 협상에 있어서 가장 중요시해야 할 것은 상대의 감정이다. 우호적인 상대의 감정은 그를 내 쪽으로 움직일 수 있게 하는 첫 번째 관문이기 때문이다. 협상에서는 그만큼 심리적인 요소가 크게 작용한다.

다음으로, 협상은 상대방이 특별한 '인식'을 하도록 만드는 과정이다. 협상에서는 주어진 문제에 대한 사실관계, 즉 주어진 환경을 당사자가 어떻게 인식하고 있는지가 중요하다. 하나의 현상이나 사건에 대해서도 사람마다 생각과 인식이 다를 수 있다. 협상을 성공시키기 위해서는 주어진 상황에 대해 상대가 나와 동일하거나 유사하게 인식하도록 만들어야 한다. 서로의 인식이 다르면 합의에 이를 수 없다. 사례에서, 여학생의 행동은 기장으로 하여금 '탑승시간에 늦었으면 탈

수야 없지… 그런데 정말 이 비행기를 타고 싶은가? 간절히 타야 하는 딱한 사정이 있는가 보다.'라고 인식의 변화를 이끌어내었을 것이다. 만약 기장에게 '저 친구 뭐하는 거야? 정신이 좀 이상한가? 연기 연습하고 있나?' 이런 생각이 들게끔 하였다면 비행기를 탈 수는 없었을 것이다.

다지막으로, 협상은 상대방이 특별한 '행동'을 하도록 만드는 과정이다. 협상을 성공시키기 위해서는 상대가 나의 제안에 동의하거나 수용하기 위해 움직여주는 것이 필요하다. 상대가 나에 대한 좋은 감정이나 나와 동일한 인식에 머물지 않고 구체적으로 행동에 나서도록 하는 것이 유능한 협상가의 자질이다. 사례에서, 기장은 탑승시간을 넘긴 승객에 대해서는 탑승시키지 않는 규정이 있음을 알고 있었을 것이다. 그럼에도 불구하고 규정을 위반하면서까지 여학생을 탑승시킨 것을 보면 여학생에게 대단한 협상능력이 있다는 것을 알 수 있다.

이 사례에서, 여학생은 숨은 이해관계인(기장)을 찾아 활용하기, 협상의 목적에 집중하기(직원을 상대하는 대신에 직접 기장에게 호소), 간절한 욕망과 포기하지 않는 정신, 상대의 마음을 훔치기 등의 협상도구를 사용하였다.

2. 협상은 문제해결을 위한 '협의의 과정'이다.

협상을 바라보는 관점은 크게 두 가지로 나눌 수 있다. 하나는 상대와 경쟁하는 것으로 다른 하나는 협의의 과정으로 이해하는 것이다. 보통의 경우에는 경쟁의 관점으로 보는 것이 일반적이지만 이는 과거 1970년대 미국에서 처음 협상이론이 대두될 당시의 얘기에 불과하다. 이에 의하면 상대를 제압해서 내가 원하는 것을 최대한 얻어내는 기술이 협상이다. 그런데 이 관점은 협상과정에서 자신의 이익만을 생각하다 보니 많은 문제가 발생한다.

첫째, 단기적인 이익만을 추구한다. 상대와의 경쟁을 통해 내가 이익을 보면 상대는 손해를 볼 수밖에 없다. 그러면 상대는 다시는 나와 거래를 하려고 하지 않을 것이다. 이 방식으로는 상대와 지속적인 거래를 통한 이익을 기대할 수가 없다.

둘째, 사람을 얻을 수 없다. 나와의 거래를 통해 손해를 본 상대는 나를 신뢰하지 않을 것이고 더 이상 나와 관계를 맺고 싶어 하지 않을 것이다. 나아가 상대에 의해서 나에 대한 부정적인 평가가 널리 퍼지기라도 한다면 일이나 사회생활의 측면에서 사람들과 교류하기가 더 더욱 힘들어진다.

이 때문에 전문가들은 근래 들어 협상을 경쟁이 아닌 문제해결을 위한 상호 협의의 과정으로 이해한다. 상호 협력 내지 협조의 관점으로 보는 것이다. 이런 식으로 협상을 진행하면 경쟁방식과는 반대의 효과가 나타난다. 먼저, 협력을 통한 문제해결의 경험을 통해 상호 간에 신뢰를 쌓을 수 있고, 그에 기초해서 지속적인 거래를 통해 장기적인 이익을 얻을 수 있다. 이 방식에 의하면 당사자들이 얻는 이익의 총합도 늘어난다. 연구결과에 의하면, 협조적 환경에서 일하는 사람들이 경쟁적 환경에서 일하는 사람들보다 더 나은 성과를 내는 경우가 90% 정도[3]라고 한다. 기업의 인사평가에 있어서도 직원 개개인별 평가를 하는 경우보다 부서나 팀 단위로 평가를 하는 것이 기업전체의 성과를 향상시킨다. 그룹평가의 경우 내부적으로 팀원들 간에 협조적인 업무환경이 조성되기 때문이다. 우리가 협상을 한자로 표현할 때 화합하다는 의미의 '協' 자로 표기하는 것도 이런 점에서 이해될 수 있다.

3. 협상은 '서로의 이익을 극대화'하는 과정이다.

협상은 당사자들이 궁극적으로 무언가를 얻고자 하는 활동이다. 사람들이 자신들의 이익을 위해서 협상을 한다는 점에서 서로의 이익을 극대화하는 과정이 협상이라 할 수 있다. 이런 이유로 1980년대 하버드대학에서 협상을 가르쳤던 피셔교수는 협상을 서로의 '경제적 이익을 극대화'하는 의사소통의 과정이라고 정의하기도 했다.[4] 이러한 정의는 협상 당사자의 경제적 이익을 정확히 파악해서 합리적으로 나눌 수 있다는 것을 전제로 한다. 그러나 우리가 익히 알고 있듯이 사람은 그렇게 합리적이고 이성적인 존재인 것만은 아니다. 미래의 이익을 위해서 당장 얻을 수 있는 이익을 포기할 수도 있고, 경제적 가치 외에 다른 가치를 추구할 수도 있다. 때로는 경제적 이익보다 심리적인 만족감을 더 우선시하기도 한다.

예컨대, 프로선수의 에이전트가 선수를 위해서 구단과 연봉협상을 하는 경우, 선수의 연봉을 최대한 많이 받아내는 것만을 목표로 한다면 훌륭한 협상이라 할 수 없다. 선수나 에이전트는 지금 당장에는 최대한의 금전적인 이익을 얻어서 좋아할 수는 있다. 그러나 구단으로서는 다른 선수들과의 형평성을 고려해서 과도한 지출이라 생각할 수도 있고, 왠지 억울한 기분이 든다면 장기적으로는 선수에게도 좋지 않다. 해당 선수가 구단으로부터 자기만을 생각하는 이기적인 선수라고 미운털이라도 박히게 된다면 구단은 선수단을 운영하면서 선수를 과하게 혹사시키는 등의 방법으로 복수를 할 수도 있다. 건강이 자산인 선수에게는 치명적인 손해로 다가올 수 있다. 해당 스포츠계에서 선수의 평판이 나빠지기라도 한다면 선수의 생명이 단축될 수도 있다. 이런 협상을 결코 좋은 협상이라 할 수는 없다. 성공적인 협상을 위해서는 나 자신뿐만 아니라 상대도 만족시키고 향후 장기적인 이익의 관점까지 고려해야 한다. 필요한 경우에는 서로의 이익을 위해서 한 발짝 양보도 할 수 있어야 좋은 협상이라 할 수 있는 것이다. 그렇다면 성공적인 협상을 위해서 필요한 협상전략에는 무엇이 있을까?

열 가지 협상전략

▼

다음에는 우리가 성공적인 협상을 진행하기 위해서 반드시 필요한 협상전략의 개요를 소개한다. 이 책에서는 열 가지 협상전략을 각각의 장으로 나누어 구성하고, 그것을 실천하는 데 필요한 협상도구를 다양한 사례를 곁들여 설명하였다. 여기에 소개된 사례들은 내 개인 혹은 내 수업에 참여한 학생들의 경험이기도 하고, 다른 협상전문가들이나 변호사들의 경험, 역사적 인물들이나 내 주변인들의 경험이기도 하다. 이 책에서 다루는 열 가지 협상전략은 다음과 같다.

1. 협상의 목적을 분명히 하기

모든 인생사가 그렇듯이 협상에 있어서도 협상의 목적을 구체적으로 정하는 것이 성공적인 협상을 위한 지름길이다. 협상의 목적을 정한 후에는 그것을 달성하는 데에만 모든 신경을 집중해야 한다.

2. 최고의 제안을 하기

협상을 통해서 더 많이 얻기 위해서는 가장 많이 얻을 수 있는 혹은 그 이상의 최고의 제안을 할 수 있어야 한다. 그러기 위해서는 스스로 무언가를 얻기 위한 강렬한 욕망이 있어야 하며 지난한 협상의 과정을 견딜 수 있는 끈기가 있어야 한다. 또한 자신의 장점과 가치를 반영한 최상의 제안을 가지고 자신감 있는 태도로 상대를 설득할 수 있어야 한다.

3. 상대를 탐구하기

협상의 목적은 상대로부터 무언가를 얻고자 하는 것이므로 협상을 성공적으로 이끄는 데 있어서 가장 중요한 요소는 단연코 상대방이다. 훌륭한 협상가가 되고자하는 사람이라면 상대에 대한 탐구를 게을리 해서는 안 된다. 상대의 협상스타일이나 가치관, 취미, 마음속의 욕구나 주변의 이해관계인 등 상대와 관련된 모든 정보를 알기위해 최대한의 노력을 경주하여야 한다. 상대를 탐구하기 위한 구체적인 방법들에 대해서 알아보도록 하자.

4. 상대의 마음을 훔치기

상대와 싸우지 않고서도 상대를 굴복시키는 자가 싸움의 고수이듯이 협상에 있어서도 복잡한 협상의 과정이나 논쟁 없이 상대의 마음을 훔치는 방법으로 목적을 달성하는 자가 훌륭한 협상가다. 실제로도 협상의 성패를 좌우하는 것은 이성과 합리성에 기초한 훌륭한 제안이라기보다는 상대와의 인간적인 소통인 경우가 많다. 따라서 우리는 공감을 통해서 상대의 마음을 얻으려는 노력과 함께 상대의 심리를 잘 이해하고 활용함으로써 상대로 하여금 부지불식간에 우리의 제안을 받아들이게 할 수 있는 방법에 관심을 가져야 한다. 심리학계의 연구결과를 바탕으로 상대를 설득하는 구체적인 방법에 대해서 알아보도록 하자.

5. 신뢰관계의 형성

사람이 다른 사람의 제안을 수용할 때는 일정한 단계를 거친다. 먼저 마음의 문을 열어 인간적인 관계를 맺고 서로 신뢰하는 관계를 형성한 연후에 본격적인 이해관계의 조정에 들어간다. 그런데 그러한 과정을 무시하고 성급하게 일을 진행시키다 보면 원하는 결과를 얻기는 힘들다. 신뢰를 얻기 위한 방법을 알아보자.

6. 상대를 움직이게 하기

앞서의 전략은 나의 협상능력을 키우고 상대가 스스로 움직여서 내게로 넘어올 수 있도록 하는 방법이라 할 수 있다. 그런데 이 방법이 그다지 효과가 없다면 이번에는 상대가 움직일 수 있도록 내 쪽에서 적극적인 방식을 취할 필요가 있다. 내 제안의 수용성을 높일 수 있는 9가지 방법을 알아보자.

7. 기준을 활용하기

우리가 다른 사람의 제안을 수용하는 경우는 감정적인 이유뿐만 아니라 어떤 합리적인 기준이 있어야 한다. 상대를 설득하는 과정에서 사용할 수 있는 유용한 기준에 대해서 그리고 어떤 방식으로 활용하는 것이 협상에 도움이 되는지도 알아보자.

8. 제3의 대안 만들기

일반인들의 협상이든 전문가들의 협상이든 간에 당사자의 입장에만 매몰되면 어느 순간 협상이 난관에 봉착되는 순간이 오는 경우가 있다. 이때 서로의 이익을 극대화시킬 수 있는 창의적인 제3의 대안을 만들 수 있는 자가 있다면 진정한 협상의 고수라 할 수 있다. 이에 관한 세 가지 방법에 대해 알아보자.

9. 협상의 결렬에 대비하기

나 자신이 이미 상대를 넘어설 수 있는 대안을 가지고 있다면 사실 협상할 필요도 없고 협상의 여러 전략이 무의미해지기도 한다. 혹은 상대를 어느 정도라도 대체할 수 있는 방법이 있다면 나의 협상력은 더욱 높아진다. 협상을 잘하기 위해서는 궁극적으로 협상이 결렬될 경우의 수를 준비하고 활용하는 것이다.

10. 협상의 준비와 마무리

이 세상의 다른 모든 일과 마찬가지로 협상에 있어서도 치밀한 준비와 마무리는 성공적인 협상을 위해서 반드시 필요하다. 협상 전에 준비해야 할 것과 마무리과정에서 챙겨야 할 것들을 살펴보자.

둘째 아들 민준이가 중3에 올라가면서 인터넷 강의를 들어보겠다고 태블릿 PC를 사달라고 한다. 공부하겠다는 데 안 사줄 수가 없다. 녀석은 중고거래 앱에 33만 원에 올라와 있는 제품까지 지정해 주었다. 그 제품을 보니 판매자는 가격협상을 하지 않겠다는 표시를 해 놓았다. 나는 판매자와 연락을 해서 그가 정한 장소로 갔다. 가면서 나름 협상 전문가로 행세하고 있는데 한번 가격협상을 시도해 보고 그 결과를 가지고 아들에게 자랑하고 싶었다.

그곳에 도착하니 민준이 또래의 앳된 얼굴의 남자아이가 물건을 가지고 나와 있었다. 만만한 생각이 들었다. 그 아이의 제품에 관한 설명을 들으면서

"좋은 제품인 것 같다"며 추임새도 넣어주었다. "우리 아이가 인강을 듣겠다고 해서 사주는 것이지만 게임만 할 것 같으면 안 사주겠다."라고 농담을 하면서 상대와 부드러운 관계를 형성하려 했다. 상대가 계좌번호를 알려주겠다고 해서 본격적인 협상을 시도하였다. 나는 "멀리서 여기까지 일부러 운전해서 왔는데 30만 원만 받으면 되지 않을까요?"라고 하면서 먼저 가격협상의 주도권을 확보하려고 했다. 그런데 판매자는 오히려 웃으면서 "제가 아들뻘 되는 것 같은데, 용돈 좀 주신다고 생각하면 안 되나요? 만 원만 빼 드릴게요."한다. 나는 녀석의 반응에 뒤통수를 맞은 듯 웃으면서 그러겠다고 하는 수밖에 없었다. 만만치 않은 녀석이었다.

우리가 아무리 많은 협상의 전략과 도구를 알고 있다고 해도 이를 실생활에서 사용해보지 않는다면 아무런 의미가 없다. 한번이라도 실천해 보아야 그 지식을 내 것으로 만들 수 있고 그와 같은 경험이 쌓이면서 훌륭한 협상가가 될 수 있다. 뛰어난 협상가는 태어나는 것이 아니라 만들어지는 것이다.

제2장

협상의 목적을 분명히 하라

"우리는 인생에서나 전쟁에서나 그 밖의 어떠한 것에서나 단일한 목표를 확인하고 다른 모든 고려사항을 그 하나의 목표에 기울일 때만 성공합니다."

– 드와이트 D. 아이젠하워(Dwight D. Eisenhower)

협상목적의 설정

▼

효원은 독일에서 교환학생기간을 보내고 한국으로 돌아오기 전에 가장 인상 깊었던 도시인 베를린에서 한 달 동안 살아보고 싶었다. 그런데 문제는 비싼 숙박비를 해결해야 했다. 숙소를 알아보던 중에 지금까지 자신이 꿈꿔왔던 가장 이상적인 방을 발견하고서는 그곳에서 꼭 지내보고 싶다는 다짐을 굳혔다. 3주 동안 숙박비로 쓸 수 있는 돈은 450유로 밖에 없었으므로 그 범위 내에서 집주인을 설득해야 했다. 효원은 집주인에게 다음과 같은 메시지를 보냈다.

"저는 Aachen에 있는 대학에서 공부하고 있는 유학생인데 당신 방의 인테리어가 너무 예뻐서 꼭 살아보고 싶습니다. 제가 쓸 수 있는 예산이 부족하여 이렇게 메시지를 보냅니다. 3주 동안 400유로에 숙박할 수 있을까요? 저는 약 1년 동안 기숙사 생활을 해봐서 방을 깨끗하게 사용하는 법을 알고 있고, 개인용 전기장판이 있어서 난방비용을 절약할 수 있답니다. 낮에는 주로 시내를 여행할 예정이어서 전기를 많이 사용하지도 않습니다. 편하게 답장 주세요. 감사합니다."

이에 대해 집주인은 450유로의 금액을 제시하였고, 그 가격은 효원의 예산 범위 내였으므로 여행기간 이곳에서 숙박할 수 있었다. 집주인과는 인테리어와 삶에 대한 이야기도 나누고 카드게임도 하면서 멋진 추억을 쌓았음은 물론이다. 그 집을 나올 때는 집주인으로부터 "숙박업을 하면서 기억에 남는 게스트가 한 명 있었는데, 너도 추가됐어. 네가 떠나는 게 너무 아쉬워."라는 석별의 정이 담긴 말을 듣기도 했다.

이처럼 효원이 저렴한 가격에 숙소를 얻을 수 있었던 것은 여러 가지 협상의 전략을 사용한 덕이다. 유학생 신분임을 밝히면서 경계심을 줄이고 인테리어 센스를 칭찬함으로써 상대의 호감을 얻었다. 그 기간 우크라이나 전쟁의 영향으로 필수적이었던 에너지 절약정책에 호응하는 말로 집주인의 처지를 이해해 주는 말을 하였고, 가격을 먼저 제시함으로써 가격협상의 주도권을 가져왔다. 그리고 가장 중요한 것은 자신이 꿈꿔왔던 가장 이상적인 방에서 그것도 자신이 가진 최소한의 예산한도 내에서 살아보고 싶었던 확고한 목적이 있었기 때문에 가능했던 것이다. 효원은 처음에는 400유로를 제시하는 것이 무리한 요구는 아닐지 스스로 의심하기도 했지만 자신만의 확고한 목적이 있었기 때문에 자신감을 가지고 먼저 가격을 제안할 수 있었다. 효원은 이 협상을 통해 자신이 얻고자 하는 것이 무엇인지 확실하게 정하는 것이야말로 협상을 성공적으로 이끌기 위한 가장 중요한 요인이라는 것을 알 수 있게 되었다.

사이먼시넥Simon Sinek은 그의 유명한 저서 『Start with why』에서 개인이든 조직이든 WHY로 일을 시작하고 시종일관 그것을 유지하라고 제안한다.[5] 그 경우에 뛰어난 성과를 달성할 수 있다는 것을 골든 서클Golden circle이라는 개념으로 설명하고 여러 사례로 증명하고 있다. 여기서 WHY는 사람들에게 일에 대한 동기를 부여하고 잠재되어 있는 열정을 이끌어 내는 것으로 일을 하는 목적이나 신념, 대의를 의미한다. 40대 후반에 생활에 안주하는 편안한 삶을 살고 있던 나는 그 책을 읽은 후로 다시금 삶의 목적을 정립하고서 매일 활기찬 생활을 보낼 수 있게 되었다. 교수로 살고 있는 나의 WHY는 '사람들에게 한 발 더 다가감으로써, 진리에 한발 더 다가감으로써 지금 이곳을 살만한 세상으로 변화시킨다.'이다. 아침 5시 기상 후에 그것을 되새기는 일이 내가 하루 중 가장 먼저 하는 루틴이다.

우리가 협상을 하는 데 있어서도 어떤 이유로 협상을 하는지 그 목적을 분명히 설정하는 것이 중요하다. 협상을 해야 할 상황은 우리에게 무언가 해결해야 할 과제가 주어진 상황이고, 그것을 해결함으로써 결과를 얻어내야 하기 때문이다. 성공적인 협상을 통해서 결과를 얻어내야 한다는 점에서 협상은 분명 목적성을 띤 행위이다. 기왕에 협상을 통해 결과를 얻어내야 한다면 협상의 목적을 분명히 그리고 구체적으로 설정하고 협상을 진행하는 것이 성공적인 결과를 얻어낼 수 있다. 1979년 하버드경영대학원의 연구진이 그 해의 졸업생들에게 '명확한 장래 목표가 있는가?'라는 설문조사를 진행하였는데, 당시에 인생의 목표를 분명히 설정한 학생들은 그렇지 않은 학생들에 비해 10년 후 10배나 많은 수익을 얻고 있었다는 연구결과를 얻기도 하였다.[6] 우리가 협상에 임하는 상황이라면 지금 어떤 것을 원하는지, 어느 정도를 원하는지 구체적으로 목표를 설정할 수 있어야 한다.

협상을 하면서 왜 협상을 하는지 목표설정이 되어 있지 않거나 그 목적이 명확하지 않은 경우에는 상대와 협상을 제대로 할 수 없고 협상의 결과를 가져올 수 없다. 그리고 더 심각한 문제는 협상테이블에서 상대와의 협상에 집중하기보다는 스스로와 타협을 하는 데 더 많은 에너지를 쓴다는 것이다. 협상을 하면서 스스로 '내가 이것을 원하기는 했는지, 이 정도로 만족하면 되는 것은 아닌지, 내가 본래 원하는 것이 무엇이었는지' 등의 고민을 하면서 시간을 보낸다면 협상을 성공적으로 이끌기는 힘들다.

대학시절 고시공부를 하면서 보았던 주변 동료들의 모습도 그랬다. 공부에 대한 그리고 자신이 법률가가 되고자 하는 분명한 목적의식이 없는 사람은 공부하는 중에도 끊임없이 고민을 한다. 공부를 하면서도 '내가 과연 이 시험에 합격할 수 있을까? 내가 이리도 오랜 시간을 들여 투자할 만한 가치가 있는 시험인가? 떨어지기라도 하면… ' 등의 고민에 빠져있는 친구들의 결과는 좋지 못했다. 나는 그런 고민을 조금이라도 없애기 위해서 책상 앞에 내 사진을 붙이고 '검사 김성진'이라는 문구를 새겨 넣었다.

협상의 목적

▼

1. 공동의 이익 추구

세득은 대기업인 A사에 입사하고 얼마간 시간이 흐른 후에 본사에서 바이어 업무를 담당하였다. 협력업체들과 협상을 하는 것이 주된 임무였다. 세득은 회사에서 갓 출시한 신제품의 납품 가격을 정하기 위해서 협력업체 B사의 영업부장과 여러 차례 협상을 진행하였지만 협상의 진전을 이루지 못했다. 아무래도 신제품의 가격을 정하는 일이다 보니 더 많은 이익을 내려는 둘 사이의 욕구가 잘 좁혀지지 않은 이유가 컸다. 세득은 고민 끝에 직접 B사의 대표이사와 협상을 진행하기로 마음먹었다. 영업부장에게 대표와의 미팅을 잡아달라고 부탁을 하였다. 향후에도 계속 거래관계를 이어가야 할 영업부장의 입장도 고려하여 "부장님도 결국 대표님께 승인을 받아야 되는데, 제가 직접 말씀드리고 진행하는 게 빠르고 정확하지 않을까요?"라는 양해를 얻었음은 물론이다.

세득은 B사의 대표이사와 협상을 하면서도 영업부장에게 처음 제시했던 가격을 고수하였는데 역시나 상대는 난색을 표하였다. 이에 세득은 대표이사에게 "제가 원하는 가격에 납품을 해주시면 더 많은 물량을 매입해 드리겠다."라고 새로운 제안을 하였다. B사의 대표이사는 대기업인 A사와 더 많은 거래 물량을 확보하는 것이 장기적인 관점에서 이득이 될 것으로 보고 세득의 제안을 수용한다.

우리가 협상을 하는 이유는 자신에게 이익을 가져오려는 것이다. 그런데 협상의 과정에서 자신만의 이익을 크게 하려고 고집을 부릴 경우에는 협상을 성공시키기도 어렵고 궁극적으로는 자신에게도 손해가 된다. 앞서 협상의 정의를 '서로의 이익을 극대화'하는 과정이라고 했듯이 협상에서는 나의 이익뿐만 아니라 상대가 얻을 수 있는 이익도 함께 고려해야 한다. 협상은 둘 사이의 경쟁이 아니라 둘 모두의 이익을 증진시키는 과정으로 전개될 때 비로소 성공에 이를 수 있다.

2. 심리적 만족감의 충족

사람은 감정의 동물이다. 따라서 협상의 과정에서도 서로의 감정, 관계, 심리적인 측면까지 고려하여 충분한 만족감을 얻을 수 있는 거래를 하는 것이 중요하다.

내가 관여하고 있는 노동위원회 심문회의를 보면 판정을 통해 사건을 해결하기도 하지만 사안에 따라서는 당사자 간에 화해를 주선하는 경우가 자주 있다. 그 경우 합리적인 선에서 당사자의 이익이 조정되는 게 일반적이지만 때로는 어느 한쪽으로 이익이 과도하게 쏠리는 경우도 있다. 그런데 그 결과에 대해 당사자들이 얻는 심리적인 만족도는 객관적인 이익의 분배결과와는 사뭇 다르다. 누구나 예상할 수 있는 적절한 이익을 얻고서도 잔뜩 불만 섞인 표정을 짓는 경우가 있는가 하면 오히려 충분한 이익을 얻지 못했음에도 불구하고 만족스러운 표정을 짓는 경우도 있다. 이는 결국 사건의 내면에 감정적인 문제가 걸려있었다는 것을 의미한다. 이를 우선적으로 해결하는 것이 사건의 해결에 중요하다는 것을 알 수 있다. 우리 속담에 "한마디 말로 천냥 빚을 갚는다."는 말이 있다. 상대를 대하는 말과 태도의 중요성을 강조한 표현인데 상대의 심리적인 부분을 고려하여 그것을 해소시켜 주려는 노력을 다할 수 있다면 훌륭한 협상의 결과를 가져올 수 있는 것이다.

3. 장기적 관계의 형성

1865년 미국 북군의 총사령관인 율리시스 그랜트 장군과 남군의 총사령관인 로버트 리 장군은 미국 역사에서 가장 중요한 협상을 진행한다. 그것은 남군과 북군으로 갈려 싸우다가 북군의 승리로 끝난 전쟁을 마무리하는 것이었다. 패장인 리 장군은 승장인 그랜트 장군에게 요구조건이 무엇인지 묻는다. 승장인 그랜트 장군의 요구는 간명했다. 남군병사들을 건강히 고향으로 돌려보내는 것. 이를 위해 그들에게는 타던 말도 그대로 가져가도록 했고 귀향하는 데 필요한 식량도 준비해 주었다. 그랜트 장군은 전쟁을 마무리하는 상황에서 패자들에 대한 복수보다는 국가적 통합을 더 큰 가치로 본 것이다. 만약 장군이 전쟁 발발에 대한 책임추궁을 택했더라면 남부주민들의 진정한 승복은 없었을 것이고, 오늘날의 통합된 미국은 없었을 것이다.

1930년대 프린스턴대학교의 연구소를 책임지고 있던 플렉스너에게는 이 대학을 세계최고의 싱크탱크로 만들려는 야심이 있었다. 우수한 연구진을 확보하는데 심혈을 기울이고 있던 플렉스너에게 유럽에서 활동하던 아인슈타인이 미국으로 건너왔다는 소식이 들렸다. 플렉스너는 그를 연구진으로 합류시키기 위한 협상을 진행한다.

플렉스너가 아인슈타인에게 얼마의 연봉을 주어야 할지 물었을 때, 천재적 연구자이긴 하지만 세상물정을 잘 모르는 아인슈타인은 3,000달러를 요구한다. 이에 플렉스너가 1만 달러를 주겠다고 하면서 아인슈타인은 이 대학에 안착하게 되었는데, 우리가 잘 알다시피 그 뒤 아인슈타인은 기념비적인 연구 성과를 올린다. 플렉스너의 협상방식은 단기적으로 얼마간의 재정을 아끼는 데 있지 않았고, 아인슈타인의 마음을 얻어서 장기적으로 프린스턴대학에 안착하도록 하는 데 있었다. 결과적으로 나중에 하버드대나 예일대에서 아인슈타인을 파격적인 조건으로 모셔가려고 했지만 그는 프린스턴대학을 배신하지 않았다.[7]

우리의 인생이 짧지 않듯이 협상을 통해 살아가야 하는 우리는 협상의 목적 역시 장기적 관점으로 바라봐야 한다. 협상의 상대로 만나는 모든 사람과의 관계에서 신뢰를 바탕으로 장기적인 관계를 맺을 수 있다면 성공적인 삶을 살 수 있다. 단기적인 이익을 추구하는 협상으로는 성공적인 협상도 성공적인 인생도 달성할 수 없다.

매 순간 찾아오는 협상의 기회에서 서로의 이익과 심리적인 만족을 위해서 최선을 다하다 보면 상대로부터 신뢰를 얻을 수 있고, 그것이 반복되면서 장기적인 관계로 이어갈 수 있다. 어쩔 수 없이 단기적인 거래로 끝내야 할 관계가 아닌 이상은 항상 상대와 끝까지 함께 간다는 것을 염두에 두고 협상을 진행해야 한다.

협상의 목적에 집중하기

▼

학교 기숙사에서 생활하는 서윤이의 얘기다. 기숙사에는 층별로 빨래건조기가 한 대씩만 설치되어 있어서 사용자가 몰리는 경우가 많다. 어느 날 서윤이 세탁물을 건조하려는데 먼저 사용하고 있던 사람의 사용시간이 늦어지는 바람에 꽤 오랜 시간을 기다려야 했다. 서윤이 잠시 자리를 비울 일이 있었는데 그 사이에 다른 학생이 세탁물을 가지고 대기 줄에 서 있었다. 서윤은 그에게 이곳에서는 세탁물을 먼저 가져다 놓은 사람이 우선 사용하는 암묵적인 룰Rule이 있으니 자신이 먼저 건조기를 사용할 권리가 있다는 식으로 얘기를 했다. 그런데 상대는 자기는 그런 룰이 있는지는 모르겠고 따를 생각도 없다고 하였다. 서윤은 상대의 반응에 기분이 상하기도 하였지만 이내 예전에 자신도 그와 같은 주장을 하면서 선배 언니와 말다툼을 했던 기억이 떠올랐다. 상대와 이 문제로 말다툼을 하기보다는 이미 오랜 시간 방치된 세탁물을 가능한 한 빨리 건조하는 게 우선이라는 생각이 들었다. 자신은 이 룰을 이유로 선배에게 양보했었는데, 정작 자신은 양보를 받지 못하고 있다는 게 억울하기도 했지만 최대한 빨리 세탁물을 건조해야겠다는 생각으로 그 학생에게 다음과 같은 말을 건넸다.

"이 암묵적인 룰을 저도 많이 들어봐서 먼저 그 얘기를 꺼냈지만 이 룰을 강요해서는 안 된다는 것을 알아요. 그래서 제가 먼저 사용해도 될지 양해를 구해도 될까요? 제 빨래가 너무 오랜 시간 방치되어 있어서요."

서윤이 규칙을 강요하지는 않으면서 양해를 구하는 식으로 부탁을 하자 상대는 처음의 가시 돋친 태도를 누그러뜨리고 먼저 사용하라고 했다. 서윤 역시 자신의 빨래가 다 건조되면 그 학생의 빨래를 넣어주겠다고 했다.

협상을 통해서 얻고자 하는 목적이 정해졌다면 이제는 오로지 그 목적을 달성하는 데에만 집중해야 한다. 그것을 이루는 데 필요한 협상의 전략과 도구들을 준비하고 실행하면 된다. 협상의 과정에서도 현재 사용하고 있는 협상의 도구들 혹은 자신의 여러 행동들이 목적달성에 도움이 되는지 계속해서 자문해봐야 한다. 상대를 대하는 사소한 몸짓이나 표정 하나까지도 오직 협상의 목적을 달성하기 위한 것으로 생각해야 한다. 목적달성과 관련 없는 부차적인 문제에는 신경을 쓸 필요가 없다. 그것들은 목적의 달성을 지연시키거나 방해하는 요소에 불과하므로 그것들에 대한 관심으로 시간을 낭비할 필요가 없다. 변호사는 사건 그 자체의 해결을 통해서 의뢰인의 법적인 문제를 풀어주어야지 지금 당장의 의뢰인의 복장에 측은지심을 가지는 태도는 아마추어적인 대응일 뿐이다.

대부분의 일에서와 마찬가지로 협상의 상황에서 차분한 태도를 유지하는 것은 그 결과를 가져오는 데에 있어서 반드시 필요하다. 상대의 태도나 주변 상황에 따라 감정에 휘둘리면 협상을 망칠 가능성이 높다. 협상의 성공을 위해서 여러 전략과 도구를 준비했더라도 스스로 감정을 조절할 수 없다면 그것들을 제대로 사용하기 힘들다. 상대의 감정과 인식에 영향을 끼쳐 행동의 변화를 이끌어내야 하는 협상에서 자신이 먼저 자제력을 잃어버린다면 그것은 불가능한 일이다. 싸움도 마찬가지다. 흥분하면 상대로부터 카운터펀치를 맞을 수 있다.

상대와의 관계에서 감정이 격해지려는 순간에 냉정을 유지하는 방법에 '멈생표(멈추고 생각하고 표현하기)'라는 것이 있다. 둘째 민준이가 4학년 때 담임이셨던 성욱 선생님이 아이들에게 주문했던 내용이다. 성인들도 따를 만한 내용이다. 상대로부터 말로 공격을 받았을 때 곧바로 반격하지 말고 생각을 정리해서 신중히 말하라는 것이다.

우리가 협상에서 흔히 실수하는 것 중의 하나는 입장이 다른 상대의 말에 앞뒤 안 가리고 시시비비를 가리는 논쟁을 하는 경우다. 내 말이 옳을 수도 있다. 그러나 협상의 목적을 생각한다면 그것은 전혀 협상에 도움이 되지 않는다. 논쟁은 상대와 생각의 차이를 벌릴 뿐이고 감정을 상하게 할 가능성이 많다. 사람들은 상대의 논리나 주장에 빈틈이 있을 경우 바로 공격하고 반격하려는 충동을 느낀다. 그러나 상대와의 관계를 중시해야 하는 협상의 목적을 생각한다면 자제해야 한다.

제3장

최고의 제안을 하라

"욕구를 절제하는 사람은 절제할 수 있는 만큼 욕구가 약하기 때문에 절제한다."

– 윌리엄 블레이크(William Blake)

협상의 결과는 욕망의 크기에 비례 한다

▼

군 복무를 마치고 대학에 복학하여 막 고시공부를 시작했을 때의 일이다. 우리 대학에서 가장 학습 분위기가 좋았던 곳은 중앙도서관 4층 열람실이다. 학생들에게 인기가 좋은 열람실 안쪽의 좋은 자리를 맡기 위해서는 도서관 개방시간인 5시 이전부터 긴 줄을 서야 했다. 어느 날은 열람실 가장 안쪽의 자리로 진출하고자 평소보다 더 일찍 일어나 대기 줄의 앞쪽에 섰다. 도서관의 문이 열리자마자 뜀박질로 자리 잡기 경쟁이 시작되었고 나는 가장 안쪽 줄에 자리를 맡을 수 있었다. 그런데 잠시 후 나는 생판 모르는 사람에게 멱살을 잡힌 상태로 도서관 계단 아래로 끌려가게 되었다. 황당하기도 하고 어이가 없어서 특별한 대응을 하지 않았는데, 그 친구는 밖에 나오자마자 주먹을 휘두르며 싸움을 걸어왔다. 나는 그가 누구인지도 왜 화난 표정으로 씩씩

대면서 주먹을 휘두르는지도 몰라서 헤드락Headlock만 걸고 막고 있었는데 한 순간 몸이 붕 뜨더니 바닥에 떨어지고(알고 보니 격투기 기술에 당했다) 상대의 주먹에 코뼈가 부러지고 피범벅이 되었다. 그때는 막 군에서 제대해서 어깨에 잔뜩 힘을 주고 다니던 시기였다. 나보다 키가 작은 상대를 얕보기도 해서 그 친구와 싸워도 질 리가 없다고 생각했는데 허망하기 그지없었다. 나중에 알고 보니 상대는 도서관 가장 안쪽에 자리 잡고 있던 터줏대감으로 자기 자리를 침범당한데 대한 분노가 극에 달해 있었다. 열람실 가장 안쪽은 오랜 기간 공부하고 있던 고시생들이 텃세를 부리던 자리였는데 신참인 내가 멋모르고 들어갔던 것이다.

최소한의 자존심을 위해서 변명하자면 난 그 친구와 싸울 의지가 전혀 없었다. 상더를 때려눕혀야 할 어떤 동기도 없었다. 상대가 그렇게 주먹을 함부로 휘두를 줄 알았으면 헤드락을 건 상태에서 몇 대 쳐주기라도 했을 텐데…. 나는 그 뒤 어떤 상황에서도 내가 상대를 때려죽이려는 강한 의지가 없는 이상 싸움에 휘말리지 않기로 다짐했다.

상대를 한 대라도 때려줄 마음이 없는 사람이 싸움에서 상대를 이길 수는 없는 법이다. 마찬가지로 협상을 잘하고 싶으면 가장 먼저 무언가를 얻기 위한 강렬한 욕망과 적극적인 의지를 가져야 한다. 무언가를 얻기 위한 협상에서야말로 욕망의 중요성을 더 이상 강조할 필요는 없을 것이다. 스스로 욕망하지 않는데 누가 그것을 알아서 떠 넣어 주겠는가?

나아가 협상에서 얻는 이익은 욕망의 크기에 비례한다. 욕망이 크면 클수록 많이 얻을 수 있다는 것은 자명한 이치다. 학생들이 시험의 목표를 100점으로 잡으면 한 두 문제 실수해도 90점 이상의 고득점을 얻을 수 있다. 목표는 크게 잡을수록 좋다.

형제들 중에 누가 더 협상을 잘할까? 당연히 첫째보다는 둘째다. 첫째는 첫째인 이유로 자연스럽게 부모로부터 많은 것을 얻을 수 있다. 달리 요구하지 않아도 부모가 알아서 챙겨주므로 자연히 협상을 배울 기회가 없다. 그러나 둘째는 첫째와도 경쟁을 해야 하고 나중에는 셋째와도 경쟁을 해야 할 수도 있다. 태어나는 순간부터 무언가를 얻기 위한 생존경쟁을 해야 하므로 성장과정에서 자연스럽게 협상을 배울 수 있다. 아무래도 둘째들이 인생에서 성공할 가능성이 더 높을 수밖에 없는 이유다. 우리의 경우 둘째 민준이를 키우면서 그걸 절감하고 있다. 녀석은 초등학교 1학년 무렵 교회에 다녀오는 차 안에서 생뚱맞게도 다음과 같은 얘기를 했다.

"형아, 장자권 그거 나한테 주면 안 돼?"

주일학교 선생님으로부터 성서에 나오는 장자권에 관한 얘기를 듣고 잠재되어 있는 욕망이 발동한 모양이다.

협상을 생활화하라

내 경우는 둘째이긴 하지만 아들로는 첫째인 관계로 자연스럽게 얻는 게 많았다. 우리 부모님이 아들딸을 구별하지 않고 키우셨다고는 하지만 그 세대의 사고에서 벗어나기는 힘드셨을 게다. 그런 이유로 나 역시 어려서부터 뭘 강하게 요구해 본 적이 없고 적극적으로 협상을 해보려는 의지가 부족하였다.

그러나 협상에 관심을 가지기 시작한 이후의 나는 많이 달라졌다. 최근 학기 초에 있었던 일이다. 직장인들을 위해 야간에 진행되는 수업의 강의실이 내 연구실에서 멀리 떨어진 곳으로 배정되었다. 학과 조교는 선착순 배정의 원칙을 따랐다고 했다. 사정이 있어 개강 후 첫 주를 쉬었더니 가까운 곳을 배정받지 못한 것이다. 내 연구실과 가까운 곳을 누가 사용하는지 알아보니 선배교수였다. 나는 그에게 전화를 해서 강의실 변경이 가능한지, 양해해 줄 수 있는지를 물었고, 특별한 이해관계가 없었던 선배는 내 제안을 수용해 주었다. 협상에 관심을 가지기 이전의 나는 내가 불편해도 원칙에 따르려 했을 것이고, 그 이상을 원하지 않았을 것이다.

하나 더 얘기하자면, 내가 위원으로 참여하고 있는 외부기관 위원회의 회의를 준비하는 담당자의 실수와 관련된 것이다. 어느 날 담당자가 문자메시지로 알려준 회의시간에 맞추어 회의장소를 방문했다. 그런데 회의할 준비가 전혀 갖추어져있지 않은 분위기에 이상한 생각이 들어 주위를 둘러보니 외부위원으로 참여하고 있던 노무사 한 분도 와있었다. 담당자를 찾아 물어보니 자신이 회의일자를 잘못 알려주었다고 하면서 극구 미안해했다. 다른 위원은 시간낭비를 했다고 투덜대면서 가버렸지만 나는 기왕 이렇게 된 마당에 협상의 기회로 활용하자고 마음먹었다. 미안해하는 담당자에게 웃으면서 다음과 같은 말을 했다.

"실수할 수도 있지요. 그런데 한 시간이나 시간을 허비해 버렸으니 어떻게 하죠? 혹시 남아 있는 공연 티켓이라도 얻을 수 있을까요?"

위원회의 소속 기관이 지역의 공연이나 문화행사를 주관하고 있는 것이 생각나 그와 같은 제안을 한 것이다. 한 마디의 말로 뮤지컬 티켓을 얻은 나는 주말에 각시와 즐거운 시간을 보냈을 뿐만 아니라 담당자와 유쾌한 관계를 이어갈 수 있었다. 비록 상대의 실수로 짜증 날 수 있는 상황에서도 협상을 적극적으로 활용한다면 삶도 즐겁고 사람도 얻을 수 있을 것이다.

나는 내 수업을 듣는 학생들에게 다음과 같은 얘기도 한다. 수업이 끝나고 다른 건물로 이동해야 하는데 비가 억수같이 쏟아진다. 그날따라 일기예보를 챙겨보지 않아서 우산을 가지고 나오지 못했다. 우산을 펴고 있는 이름 모를 학생에게 다음과 같이 부탁해 보라.

"안녕하세요? 저는 로스쿨에 다니는 ○○○이라고 하는데 깜빡 잊고 우산을 안 가져왔네요. 우산을 좀 씌워주시면 제가 커피를 살게요. 다음에는 제가 도움을 드릴 수 있는 일이 생기면 좋겠네요."

혹시라도 그 혹은 그녀와 좋은 인연으로 이어질 수 있을지 누가 알겠는가?

부담감을 넘어서는 방법

결국 협상은 나 자신으로부터 시작된다. 무언가를 얻기 위한 욕망이 있어야 하며 그것을 얻기 위해서 적극 행동으로 나서야 한다. 먼저 웃으며 인사를 하고, 제안을 하고, 내가 가진 무언가로 상대에게 도움을 줄 수 있음을 밝히고 관계를 만들어가야 한다. 사람들 중에는 여러 이유로 상대에게 제안하는 것을 부담스러워 한다. 예전의 나도 그랬다.

'그런 요구가 실례이지 않을까? 내가 그럴만한 위치에 있기나 한가? 그가 나를 어떻게 생각할까? 거절하면 어쩌지?'

이를 넘어설 수 있는 방법은 간단하다. 그런 생각이 뇌에 똬리를 틀기 전에 지금 당장 전화기를 들고 상대에게 전화를 걸어 '그것을 해줄 수 있는지?' 질문을 하는 거다. 질문 그 자체만으로도 얻을 것이 많다. 문제의 반 이상이 해결된다. 쓸 데 없는 고민은 하지 마라. 그것이 상대나 나에게 특별한 의미가 있는 게 아니다.

일부 학생들 중에는 교수에게 문자메시지로 "교수님, 혹시 지금 전화해도 될까요?"라고 묻는 경우가 있다(성인들도 종종 그런다). 답답하다. 그냥 전화하면 된다. 전화 받을 사정이 안 되면 상대는 알아서 수신을 하지 않는다. 그 경우 상대는 오히려 '내가 상대에게 전화를 걸어야 하나? 아니면 전화하라고 문자로 회신을 해야 하나? 그렇게 회신을 하면 좀스럽게 보이지 않을까?' 고민을 하게 된다. 나름 상대를 배려한다고 하는 행동이 오히려 상대를 귀찮게 하는 거다.

제아무리 넉살 좋은 사람에게도 상대하기 불편한 유형의 사람이 있다. 나와는 성격이나 생각이 다르기도 하고 우리 편도 아니어서 왠지 거리감이 있는 사람이다. 내게는 부담스러운 존재지만 그래도 장차 어떤 일을 수행하기 위해서 혹은 미래를 위해서는 내편으로 만드는 게 좋을 것 같다. 어떤 방법이 있을까?

이런 경우는 '미국 건국의 아버지'로도 불리는 벤저민 프랭클린 Benjamin Franklin이 사용한 방법이 있다. 그는 자신을 싫어하고 노골적으로 비난하기를 일삼는 정적을 내편으로 만들 필요가 있었다. 정적이 구하기 어려운 귀한 책을 가지고 있다는 얘기를 듣게 된 프랭클린은 편지를 보내 며칠간만이라도 책을 빌려주기를 요청한다. 프랭클린은 책을 읽고 돌려주면서 감사의 쪽지를 보내주었는데, 이후로 상대는 프랭클린에게 먼저 인사를 하고, 나중에는 둘이 좋은 친구 사이가 된다.

불편한 사람에게 부탁하는 것은 얼마간 부담스러운 일이다. 그러나 손해나는 일도 아니고 잃을 것도 없다. 그럼에도 그에게 그가 손쉽게 해줄 수 있는 사소한 것이라도 한번 부탁해 보라. 대단히 효과가 있다. 상대는 '어, 나를 인정해 주는가? 나는 그렇게 생각하지 않았는데, 나를 믿어주는가? 나와 친하게 지내고 싶어서 저러는가?'라고 생각하게 되고 마음을 열기 시작한다. 그러면서 신뢰를 쌓아가고 거래를 시작하는 것이다. 처음에는 사소한 부탁으로 시작하지만 상대는 점점 더 중요한 부탁도 들어주게 된다. 사람은 자기가 받은 것에 대한 좋은 감정은 시간이 지나면서 잊어버리지만 내가 도와준 일은 오래도록 기억한다(일관성의 원리).

포기하지 않는 자세

둘째 민준이가 축구 선수를 꿈꿀 때의 얘기이다. 취미로 운동을 하다가 정말로 축구선수가 되고 싶다고 해서 4학년 때부터 본격적으로 축구선수로서의 훈련을 시켜줬다. 더 좋은 환경에서 축구를 할 수 있게 해 주려고 4학년 말에 전북현대 U12 유소년팀 입단테스트를 보았다. 60여 명의 또래 아이들이 참가했는데 내가 보기에 민준이의 축구 실력이 가장 나아 보였다. 기존의 현대 선수들에게 견줘도 밀리지 않았다. 그런데 합격자 발표 날 내 핸드폰에 '탈락'이라는 문자 메시지가 왔다. 점심을 먹다가 그 메시지를 보게 되었는데 기분이 상해서 밥맛이 떨어질 정도였다. 이 소식을 민준이에게 어떻게 전할까? 민준이에게 계속 축구훈련을 시키는 게 맞을까? 고민을 하다가 왜 탈락이 되었는지 그 이유라도 알고 싶었다. 전북현대축구단에 연락을 취해 유소년팀 감독과 전화를 하고 싶다고 했다. 구단에서는 당장은 통화가 어렵고 연락을 주겠다고 했다. 그런 경우는 통상 상대가 굳이 전화 연락을 해줄 것으로 기대할 수는 없으므로 직접 구단에 찾아갔다. 감독을 만나 민준이가 뽑힐 실력이 안 되는지 직접 물어보았다.

"민준이는 우리와 같이 운동할 실력은 됩니다. 다만…"

감독이 미적대면서 하는 얘기 왈, 민준이가 기존에 다른 팀에서 훈련을 하고 있는데 합격을 시켜주면 마치 다른 팀의 선수를 빼가는 것처럼 비춰지고, 이는 비좁은 축구지도자들의 세계에서 문제를 일으킬 소지가 있어서 뽑지 않은 거라 했다. 나는 재차 다른 방법은 없는지 물었다.

"… 방법이 없는 것은 아닙니다만, 기존 팀 지도자들과 관계를 원만히 정리만 하면… "

나는 그 길로 나와서 기존에 훈련했던 팀의 감독과 면담을 통해 팀을 옮기는 문제를 원만히 정리해주었다. 나는 아빠이기 때문에 포기하지 않았고, 직접 찾아갔으며, 어떻게 하면 다시 합격을 시켜줄 수 있는지 그 방법을 계속해서 물었고, 그에 따라 만족할만한 결과를 얻을 수 있었다.

손흥민의 아버지가 독일 팀에 있던 아들을 영국의 프리미어리그에 입성시키기 위해서 이적협상 과정에서 보여준 태도도 마찬가지다. 그는 토트넘 회장 레비가 이적협상을 포기하고 영국행 비행기를 타러가려고 하자 거의 잡아죽일 듯이 화난 얼굴로 레비를 쫓아가 레버쿠젠과 다시 협상을 진행하도록 겁박했다. 레비는 후일담으로 손흥민의 아버지를 북한 정보요원으로 생각했을 정도로 겁을 먹었다고 한다. 아이들 문제를 해결하는 데 있어서는 부모의 헌신이 대단히 중요한 협상능력이 될 수 있음을 알 수 있다.

협상을 하다보면 내 제안을 상대가 거절하는 경우가 있다. 이때 어떻게 마음을 먹는지에 따라 협상가로서의 능력이 드러난다. 협상능력이 떨어지는 사람은 '상대가 나를 싫어하나? 내가 뭘 잘못한 게 있나?' 등 갖은 생각을 하며 상처를 입고 이내 협상을 포기하고 만다. 그에 비해 뛰어난 협상가는 포기하지 않고 끈기를 가지고 협상을 이어간다. 이들은 중요한 고객, 중요한 거래일수록 결코 한 번의 협상으로 만족스러운 결과를 얻을 수 없음을 잘 알고 있다. 내 제안에 대해 상대방이 까다롭게 굴고 강하게 반대하더라도 본래의 목적에 집중해서 계속 노력한다면 성공적인 결과를 이끌어낼 수 있다.

협상을 잘 하고 싶다면 거절의 상황에 익숙해질 필요가 있다. 내가 먼저 제안을 했을 경우에 상대가 그것을 수용할 가능성은 거의 없다고 봐야 한다. 반대로 생각해도 상대의 첫 제안에 대해 나 역시 곧바로 승낙하는 경우는 드물 것이다. 왜냐하면 아직 본격적인 협상에 들어서기 전의 첫 제안은 제안자에게는 유리할지 몰라도 상대에게는 최상의 제안이 아닐 확률이 높기 때문이다. 제안의 내용 자체로도 그다지 숙성된 안이 아닐뿐더러 누구든 상대에게 호락호락하게 보이고 싶지는 않기 때문이다. 따라서 협상에서는 거절을 당연하게 생각해야한다.

협상에서는 거절의 상황을 잘 이용한다면 향후의 거래로 이어지게 할 수 있다. 사람은 한번 거절하게 되면 마음의 빚을 지게 된다. 미안해하는 마음을 가지고 있는 상대에게 다시 협상을 시도해서 성공시키는 것은 일반적인 경우보다 더 쉽다. 거절당했다는 이유로 그와의 관계를 중단시키지 말고 계속해서 신뢰를 쌓아가고 점진적으로 그리고 적극적으로 협상을 시도함으로써 거래의 확률을 높여갈 필요가 있다. 협상은 조급해하는 사람이 지게 마련이다. 영화 '킹메이커'에서 김대중이라는 유력한 정치가의 참모역할을 맡은 배우 이선균은 정치인 이철승과의 첫 협상에서 실패를 맛본다. 그는 이철승의 사무실을 나오면서 그의 책상에 '선데이 서울'이라는 황색잡지를 놔두고 그 속에 자신의 명함을 끼워두는데 이는 추후 협상성공의 단초로 이어진다. 이렇듯 거절의 상황에서도 어떠한 형태로든 장래의 협상을 위한 연결고리를 남겨둘 필요가 있다. 그것은 인간적인 소회를 담은 메시지일 수도 있고, 추가적인 제안일 수도 있다.

한편, 상대의 거절은 단순한 거절이 아니다. 거기에는 여러 의미가 내포되어 있다. 제안을 거절하는 이유가 있고, 거래를 힘들게 하는 숨겨진 상황이 있을 수 있다. 상대의 거절의 말에서 거래의 힌트를 찾을 수도 있다. 따라서 포기하지 말고 상대가 왜 제안을 거부하는지 상대의 입장에서 차분히 생각해봐야 한다. 상대에게 여러 측면에서 다양한 질문을 한다면 많은 정보를 얻을 수 있다. 예컨대, 상대가 "지금은 안 된다."라고 하면 "언제 되는지?" 물어볼 수 있다. 안된다고 해서 항상 안 되는 것은 아니다. "원칙이 그렇다."라고 하면 "예외를 적용할 수는 없는가?" 물어보라. "절대로 가격조정을 하지 않는다."라고 하면 "어떤 조건이면 가격을 조정할 수 있는가?" 물어보라. "나는 해줄 방법이 없다."라고 한다면 "그 방법을 알고 있는 사람이 누구인가?" 물어보라. 아니면, "당신 말고 대신 해줄 수 있는 사람은 누구인가?" 물어보라. 거절의 이유는 무궁무진하다.

욕망의 추구는 자연스럽다

우리네 마음속에는 욕망을 갖는 것에 대해 거부감이 생길 때가 있다. 너무 내 이익을 앞세우는 것은 아닌지, 거래나 협상을 통해 이익을 챙기는 것이 비인간적인 것은 아닌지, 사람들에게 욕심쟁이로 비치지는 않을까 걱정하기도 하고 심하게는 도덕적으로 나쁘지 않을까 자책하기도 한다. 그에 따라 사람과의 관계가 우선이라는 핑계를 대면서 손해를 감수하거나 자신이 얻을 수 있는 이익을 포기하기도 한다.

그러나 사람들은 저마다의 욕망을 가지고 있고 자기가 가진 욕망에 따라 이익을 추구하는 것은 전혀 욕먹을 일이 아니다. 완전히 이타적인 사람이 있을지 모르겠으나 어느 정도라도 욕망이 있는 사람이 본연의 욕망을 추구하는 게 무엇이 문제이겠는가? 다른 사람들에게 욕심쟁이로 비쳐짐으로써 인간관계가 훼손되는 게 걱정이라면 그런 우려는 내려놔도 된다. 그렇게 되지 않기 위해서 협상을 배우기 때문이다.

보통 친척이나 지인들 사이에서는 동업이 좋지 않은 결과로 이어지는 경우가 많다. 이는 친한 변호사들 사이에서도 마찬가지다. 이들은 일을 시작할 때 수익이나 비용을 어떻게 나눌지 자세히 논의하지 않고 인간관계에 기대서 일을 진행한다. 그러다가 나중에 자신의 역할에 따라 정당한 몫을 분배받아야 한다는 생각이 들 경우에 그런 얘기를 꺼내기가 쉽지 않다. 당사자들 간에는 이 문제로 미묘한 신경전이 펼쳐지는데, 그 얘기를 쉽게 꺼내지 못하는 사람도 불만이고, 그런 얘기를 듣게 되는 상대도 어색해진다. 그러다가 나중에는 서로 감정적인 앙금을 남긴 채 인간관계까지 멀어지는 경우가 많다. 이런 경우에는 처음에 일을 시작하는 과정에서 각자가 부담해야 하는 비용과 분배받을 이익을 분명하게 정하고 시작하는 게 좋다. 만약 그렇지 못한 경우라면 나중에라도 그런 얘기를 하는 과정에서 상대의 감정을 훼손하지 않도록 세심한 주의가 필요하다.

자신감 있는 태도가 협상력을 높인다.

▼

예나 지금이나 대학생들은 아르바이트를 많이 한다. 아르바이트를 하는 학생을 예로 들어보자. 아르바이트를 하겠다고 찾아온 학생에게 카페 사장이 묻는다. "학생, 시급은 얼마를 주면 될까요?" 이 경우 A라는 학생은 "제가 어떻게 알겠어요. 사장님께서 알아서 챙겨주세요." 라고 말하고, B라는 학생은 "제 친구들은 보통 시간당 10,000원에서

12,000원 정도를 받던데, 저는 친구들보다 성격도 좋고 부지런해서 일을 더 잘할 수 있습니다. 그러니 13,000원 이상 주시면 열심히 하겠습니다."라고 한다. 당신이 사장이라면 누구에게 기회를 주고 싶은가? 사장은 아마도 B학생에게 "참으로 맹랑한 친구일세, 나중에 사회생활 잘하겠어."라면서 같이 일해보자고 할 것이다. 사장의 반응 속에는 '그 친구 일도 잘하겠어…'라는 생각도 담겨 있다. 이렇듯 채용협상에서 중요한 것은 자신감 있는 태도다.

사업상의 거래도 마찬가지다. 어떤 회사가 거래를 제안하면서 "이 일은 우리 회사 외에도 잘할 수 있는 회사가 한 곳이 더 있습니다. 우리는 그 회사보다 일을 더 잘해드릴 수 있지만 만일 그 회사와 거래를 하고 싶다면 그쪽 연락처를 알려드리겠습니다."라고 얘기한다고 하자. 이런 자신감 있는 태도를 가진 사람의 제안을 거부하고 다른 회사를 선택할 사람은 거의 없을 것이다. 반대로 자신들의 얘기만 하면서 혹시라도 상대가 경쟁업체에 대한 정보를 알까 봐 전전긍긍하는 태도를 가진 사람과는 거래하려는 마음이 오히려 사라질 것이다. 협상이 결렬돼도 괜찮다는 마음가짐으로 임하는 사람은 그렇지 않은 사람보다 확실한 협상우위를 가질 수 있다.

부부관계도 그렇다. '이혼할 수도 있다.'라고 생각하는 사람과 '이혼은 안 돼. 이혼하면 어쩌지.'라고 불안감에 짓눌린 사람 중에 누가 더 이혼할 확률이 높을까? 당연히 이혼을 두렵게 생각하는 사람이다. 이혼의 가능성을 열어두는 사람은 이혼에 대한 생각을 지우는 사람에 비해 결혼을 더 소중하게 생각하고 상대와의 관계에 최선을 다한다. 상대를 배려하는 태도로 행복한 결혼생활을 유지할 수 있다.

직업상의 이유로 이혼상담을 해주는 경우가 가끔 있다. 얘기를 들어

보면 성격 차이나 배우자의 부정행위 등 여러 이유로 부부관계에 문제를 겪으면서도 아이들 문제나 이혼에 대한 두려움, 경제적인 이유 등으로 이러지도 저러지도 못하고 고민만 하는 사람이 많다. 나는 이들에게 이혼을 전제로 협상을 해보라고 권한다. 협의이혼 서류를 만들어 상대에게 그것을 내밀고 단호한 태도를 보여주라고 한다. 상대에게 이전의 행동에 변화를 줄 것인지 아니면 이혼을 받아들일 것인지 선택하게 한다. 이 방식은 상대의 태도를 변화시키는 것도 목적이지만 당사자 스스로 자신감 있는 태도를 가지고 상대와의 관계에서 우위를 확보하도록 하는 것이다. 그런 상담의 결과는 어떨까? 대개는 이혼하기보다는 자존감을 회복하고 다시 살아보려고 한다.

만약 협상의 상황에서 좀처럼 자신감이 들지 않고 상대의 위세에 자꾸만 마음이 위축되는 상황이면 어떻게 해야 할까? 그 경우에는 겉모습이라도 자신감이 있는 것처럼 행동을 해야 한다. 야생의 동물들이 다른 동물들과 맞닥뜨렸을 때 몸짓을 더 크게 하고 더 큰 소리로 울부짖는 것처럼 강한 척이라도 할 필요가 있다. 상대와의 협상에서 약해지려는 마음이 생기면 '안 될 게 뭐 있어?'라고 생각하고 가능한 해결책을 찾는 데 집중해야 한다. 좀처럼 의지가 생기지 않는다면 행동이 의지를 북돋도록 하는 수밖에 없다.

자기 자신을 믿어라

그 사건은 내가 중대에서 선임이 되었을 때 발생했다. 잠자기 전 점호시간에 그날 일직사관인 간부가 술에 잔뜩 취해 나타나서 점호는 하지 않고 소대를 돌면서 닥치는 대로 중대원들을 구타했다. 술에 취하면 눈깔이 돌아가는 간부였는데 나 역시도 피해를 당했다. 잠자는 내내 분노를 억누를 수 없었던 나는 다음날 아침 후임들에게 교육집합에 나가지 말고 모두 우리 내무반에 집합하도록 지시해 놓았다. 이윽고 중대장이 출근을 하자 그와의 면담을 통해 해당 간부에 대한 징계와 근신조치, 사병들에 대한 사과와 재발방지조치를 요구했다. 중대장은 분위기가 심상치 않다는 것을 느꼈는지 중대원들이 집합해 있는 곳으로 와서 사과를 하면서 해당 간부에 대한 근신 등의 조치를 약속하고, 중대원들에게는 훈련대신에 체육활동 시간을 주었다. 당시의 군대 분위기에서 내 행동은 일종의 항명으로 보일 여지도 있었는데, 당시는 내가 직관적으로 판단할 때도 도저히 묵과하고 넘어갈 수 있는 상황이 아니었다. 나 자신의 행위의 정당성은 나 자신이 믿어야 한다.

협상은 다른 사람을 설득하는 일이다. 그런데 상대를 설득해야 하는 사람이 자기 자신을 믿지 못하면 어떻게 될까? 자기 의심에 휩싸여 있으면 협상을 시작하기도 전에 결과가 뻔히 정해져 있는 셈이다. 그런 사람의 제안을 누가 들어주겠는가. 상대를 설득하기 위해서는 자기 자신부터 확고한 자신감이 있어야 한다. 자신은 이러저러한 면에서 충분한 협상력이 있고, 내 제안은 충분히 타당하다고 믿어야 한다. 자신을 과소평가해서도 안 되고, 상대에게 정당한 대우를 요구할 자격이 있다고 생각해야 한다.

2001년 초 인천 부평지역은 지금은 사라진 대우자동차의 대규모 정리해고 실시와 이에 맞선 노동조합의 파업으로 극히 혼란스러웠다. 회사는 용역경비를 동원해 근로자들의 회사출입을 막았다. 노동조합이 법원으로부터 회사 내에 있는 노조사무실의 출입을 허용하는 결정을 받아냈음에도 불구하고 회사와 경찰에 의해 회사출입이 저지되자 이에 항의하는 노조원들의 집회와 시위로 회사 주변과 시내 일대가 혼란스러웠다. 어느 날 사무실로 노조원들의 다급한 전화가 걸려왔다. 인천 부평 시내의 다방이나 인도에 노조의 로고가 새겨진 조끼를 입은 노조원들이 있으면 경찰이 막무가내로 연행하고 있다는 것이다. 노조원들에 대한 법률조력을 위해 곧바로 나와 두 명의 변호사가 내 차로 이동하면서 대응방법을 논의하였다. 박변호사가 "이거는 집회 시위를 한 것도 아니고 불법적인 연행이고 체포다. 경찰이 계속해서 노조원들을 감금하고 있다면 이는 경찰이 직권남용의 범죄를 저지르고 있는 것이니 그냥 조합원들을 데리고 나옵시다."라는 의견을 내어 그리하기로 했다. 부평 경찰서 형사계 사무실에 들어서니 노조원 20-30명이 웅성대며 있고, 형사들은 노조원들을 조사하려고 준비하고 있었다. 노조원들에게 대강의 사건경위를 들은 후, 박변호사가 조합원들에게 일장 연설을 했다.

"여러분은 아무런 죄가 없습니다. 경찰들이 여러분들을 불법적으로 체포한 것이고, 여러분들은 여기에 남아있을 이유가 없습니다. 경찰의 행위는 직권남용죄에 해당되고, 계속 여러분들을 잡아놓겠다고 하면 직권남용죄의 현행범이 됩니다. 여러분 저희를 따라 그냥 나가시면 됩니다. 자 나갑시다."

이후 우리 변호사 셋과 노조원들 모두가 형사계 사무실을 나가려고 하자 형사들은 우리를 막기 위해 우르르 몰려가 사무실 출입문을 봉쇄했다. 철창문을 앞에 두고 나가려는 자들과 막으려는 자들 간에 일대 몸싸움이 벌어졌다. 결국, 노조원들은 힘에 밀려 나가지 못하고 우리 변호사들만 사무실에서 쫓겨나게 되었다. 우리는 분이 풀리지 않아 곧장 경찰서장을 찾아가 항의했다. 그곳에서 담당 검사와 통화를 하면서 사건경위를 설명하고 즉시 석방을 요구하였다. 우리의 주장은 이랬다. "집회 · 시위를 하지도 않은 사람들에 대한 불법체포 · 감금이다. 그 범죄 상태가 계속되고 있다. 노조원들을 당장 풀어주지 않으면 언론 · 방송에 알리겠다. 시민의 인권을 강조하는 김대중 정부하에서 이 무슨 말도 안 되는 법집행인가? "노조원들은 2-3시간 후에 아무런 절차도 밟지 않고 경찰서를 나올 수 있었고, 그 뒤 소송을 통해서 경찰의 불법체포에 대한 손해배상을 받아낼 수 있었다.

내가 알기로 지금껏 영화에서나 현실에서나 변호사가 이런 방식의 사건처리로 의뢰인들을 풀려나게 한 경우는 없었다. 당시 우리 변호사 셋은 법전과 법률교과서에서 배운 바대로 옳은 것을 옳다고 강하게 주장하고 실천할 수 있는 열혈청년변호사였다.

변호사들은 의뢰인과 계약을 체결하면서 수임료 협상을 한다. 나는 변호사시절에 그것을 능숙히 하지는 못했다. 당시를 반면교사 삼아서 로스쿨의 제자들에게는 다음과 같은 방법을 알려준다. 먼저, 자신의 능력이나 경험에 비추어 타당하다고 생각되는 금액의 수임료를 제시하고 의뢰인이 그것을 수용할지 여부는 고민하지 마라. 의뢰인이 수임료를 저렴하게 부른 다른 변호사를 들먹일 경우를 걱정해서 미리 낮춰 부르지는 마라. 만약, 그런 의뢰인을 만난다면 "그렇게 낮은 비용으로는 내가 생각하는 수준의 서비스를 제공하기 어렵다. 좋은 결과를 얻으려면 그 정도는 필요하다."는 점을 차분히 설명하라. 변호사가 필요해서 찾아온 사람에게 먼저 굽히고 들어갈 필요도 없고, 그들이 변호사 업무의 가치를 재단하게 놔두지는 마라. 그 대신에 의뢰인의 욕구를 정확히 파악하기 위해서 다양한 질문을 하라.

자신의 가치를 제대로 알라

▼

이 노무사는 오랜 기간 동안 노동조합 조직에서 활동을 한 후에 로펌으로 전직을 하게 되었다. 평소 그를 알고 있던 로펌의 대표변호사와 면접을 할 때의 일이다. 대표는 "이 노무사, 연봉은 얼마나 책정해 줄까?"라고 물었고, 이 노무사는 "저가 뭐… 먼저 제시해 주시죠?"라고 대답하였다. 당시 로펌의 대표변호사가 이 노무사에게 제시한 금액은 이 노무사의 예상을 뛰어넘는 금액이었다. 이 노무사가 내게 전해준 바에 의하면, 당시 이 노무사는 대표변호사가 제시한 금액에 속으로 놀라서 '내가 과연 대표가 제시한 금액에 합당한 정도의 능력을 발휘할 수 있을까? 혹시라도 내가 거기에 맞는 기대치를 충족시켜주지 못하면 어쩌지?'라고 걱정했다고 한다.

나는 이 노무사의 고민을 듣고 다음과 같은 조언을 해주었다. "이 노무사 스스로 자신의 가치를 낮게 평가하지 마라. 일단은 자신의 가치를 높게 잡고 상대의 기대치를 충족시킬 수 있도록 노력하면 된다. 설령 그 기대에 미치지 못하는 결과를 얻더라도 여러 사정이 겹쳐서 그런 것이지 온전히 당신의 능력이 부족해서 그렇게 된 거라고 단정할 수도 없는 것 아닌가? 그리고 그 문제는 나중에 그때 가서 고민하면 된다."

우리가 협상을 잘하기 위해서는 자기 자신을 제대로 평가하는 것이 중요하다. 내가 가진 능력과 현재의 상황을 제대로 파악하고 있어야 상대에게 적절한 요구를 할 수 있고 협상에서 자신감 있는 태도도 가질 수 있다. 자기가 자신의 가치를 스스로 인식하지 못하면 자신이 가진 힘도 알 수 없다. 자신의 힘을 알지 못하면 그것을 제대로 활용할 수 없고 결국에는 협상에서 자신의 능력을 최대로 발휘하지 못한다. 그런 점에서 자신의 가치에 대한 이해는 협상의 출발점이라 할 수 있다.

협상을 하면서 은연중에 자기 자신을 깎아내리는 말을 하는 사람이 있다. 이는 자존감이 결여된 사람들에게 나타나는 전형적인 모습이다. 그와 같은 말은 상대에게 자신의 이미지를 부정적으로 인식시키고 그 결과 협상에도 영향을 미치게 된다. 본인의 가치를 스스로가 인정해주지 않는데 상대가 내 가치를 알아서 인정해 줄 리는 없는 것이다.

그런 상황은 면접의 경우에 종종 발견된다. 나는 직업상 면접관의 위치에 서는 경우가 많은데 그런 사람들을 보면 안타까운 마음이 든다. 면접은 주어진 짧은 시간 안에 상대를 설득시켜야 하는 중요한 협상의 자리다. 면접에서는 상대가 나의 매력을 발견할 수 있도록 적극적으로 자신의 가치를 어필할 필요가 있다. 자신의 장점을 알리기도 부족한 시간에 면접관이 물어보지도 않는데 굳이 먼저 자신에 대해서 부정적인 면을 얘기할 필요는 없다. 그들은 자신이 가진 약점을 극복하였거나 혹은 극복할 의지를 가지고 있다는 점을 부각하려 한 것이라고 변명하겠지만 이미 상대에게는 부정적인 이미지가 각인되어 버린 후이고 짧은 시간에 이를 만회하기는 사실상 불가능하다. 다시 강조하지만 내 약점을 먼저 얘기할 필요는 없다. 혹시 면접관이 그에 대해서 얘기한다면 다른 면을 부각하여 그것과 자신의 능력은 별개라는 점을 설명하면 된다. 예컨대, 자신이 한 때 성적이 좋지 않았던 것은 공부를 못해서가 아니라 다른 분야에 온통 관심이 쏠려 있어서 공부를 안 했을(혹은 하고 싶지 않았을) 뿐이라고 하면 된다.

협상에 유용한 가치는 모두가 다르다

변호사로 일한 지 얼마 되지 않은 신참변호사인 로라는 조용한 공상가 기질의 내향성 성격을 가진 사람이다. 그녀는 선임 변호사가 휴가를 가는 바람에 처음으로 의뢰인을 대신해서 협상을 진행하게 된다. 의뢰인은 은행대출금을 체납하고 있는 제조회사인데 채권자와의 협상을 통해 대출을 연장해야만 했다. 협상 당일 로라가 협상테이블에서 마주한 사람들은 대출을 시행한 은행연합회 측의 투자 은행가들과 말끔한 복장을 한 그들의 변호사였다. 상대 변호사는 로라에게 채권자인 은행연합회가 매우 관대한 제안을 했다면서 운이 좋은 편이니 제안을 그냥 받아들이기만 하면 된다고 한다. 모두가 로라의 대답을 기다리고 있었지만 심장이 요동치고 있던 로라는 할 말이 생각나지 않았다.

'어떻게 얘기해야 하지… 아, 난 이런 일에는 어울리지 않아…'

한참을 머뭇거린 로라는 마음을 다 잡고서 차분히 질문을 시작한다.

"잠깐 생각해 보죠? 대출을 이런 식으로 바꾼다면 어떨까요? … 아니면, 이런 식으로 하는 것은 어떤가요?"

상대가 확고한 태도로 자신들의 주장을 굽히지 않을 때에도 로라는 계속해서 질문을 한다.

"정말 그것밖에는 방법이 없다는 말씀이신가요? … 다른 접근 방법은 없을까요?"

로라의 대응에 은행가들 중의 일부는 서류를 내동댕이치고 협상장을 나가 버렸지만 결국 합의는 이루어졌다. 로라의 대응은 내향성의 사람에게서 자연스럽게 나오는 행동방식이었다. 상대 변호사는 다음 날 로라에게 전화해 다른 일자리를 제안하였고, 은행연합회에서는 로라의 법률회사에 새로운 일감을 의뢰하기도 했다.

이 사례[8]는 내향성 성격을 연구하고 그 기질의 장점을 설파한 수전 케인Susan cain의 책『콰이어트』에 소개되어 있는 내용이다. 이 책은 성격에 관한 어려서부터의 내 고민을 일거에 해소시켜준 책이기도 하다. 나는 오랫동안 스스로에 대해 한 가지 불만을 가지고 있었는데, 그것은 내 성격이 본래부터 내향성이라는 점이다. 내가 가진 불만은 이런 종류였다. 세상은 사람들과의 관계에 적극적이고 활동적인 외향성의 사람들을 더 환영하고 능력을 인정해 주는 것 같은데 나 같은 사람이 이 험난한 세상을 잘 살아갈 수 있을까? 그와 같은 고민은 학창 시절뿐만 아니라 변호사가 된 이후에도 계속되었다.

그러나 수전케인에 의하면 나의 우려는 완전히 기우였다. 그녀에 따르면 내향성과 외향성은 별개의 성향으로 그에 맞는 기질을 고려하여 사람들을 상대하면 생활하는 데 전혀 문제가 없다는 것이다. 예컨대,

우리가 흔히 생각하기에 사람들을 많이 상대해야 하는 영업사원의 일은 외향성이 잘할 것 같지만 보험회사 등 영업과 관련된 회사에서 영업실적이 좋아 연말에 상을 받는 사람들 중에 내향성이 많았다는 결과는 그 점을 시사해주고 있다.

두 가지 성향을 비교해 보면 다음과 같은 차이가 있다. 외향성은 멀티능력이 있고 관계지향적인 반면에 내향성은 생각이 깊고 신중하며, 타인의 말을 주의 깊게 듣고 상대의 감정을 더 섬세하게 알아챈다. 외향성은 다자간의 대화에 능통하고 내향성은 일대일이나 소규모 대화를 선호한다. 외향성은 새로운 정보를 접하는 경우에 '반응'을 하지만 내향성은 '조사'를 한다. 내향성의 사람은 상대에 대한 조사와 분석을 통해 질문위주의 대화로 문제를 해결하는데 이는 앞서 로라 변호사가 취한 방식이다.

외향성의 사람과 내향성의 사람 중에 누가 더 협상능력이 있을까? 예전의 내가 고민했던 것처럼 흔히 외향성의 사람이 더 인간관계가 좋고 적극적으로 자기주장을 잘하는 것처럼 생각해서 협상에 강하다고 생각하는 경향이 있다. 그러나 그것은 사실이 아니다. 수전케인이 책에서 밝힌 대로 내향성의 말은 내향성이 더 신뢰하고, 외향성의 말은 외향성이 더 신뢰한다(유사성의 원리). 특별히 어느 성격이 더 협상에 유리하다고 말할 수는 없다는 것이다.

성격 외에도 사람들에게 내재된 가치는 다양하다. 조직 내에서 소수자 혹은 약자는 그 자체로 힘을 발휘할 수 있고, 여성 혹은 남성, 헌신적인 부모와 사랑하는 자식은 그 자체로 협상능력이 될 수 있다. 다른 사람과 비슷하다는 점이 힘이 될 수도 있지만 다양성이 존중되는 영역에서는 남들과 다르다는 점이 인정받기도 한다. 어떤 연구는 기업 조직이나 경영진 구성에 다양성을 높일 경우 기업의 성과가 35% 이상 향상된다는 결과를 보여주기도 한다.[9]

2015년 이란과 미국의 핵군축협상 테이블에는 웬디 셔먼이라는 미국 외교관이 참여하고 있었다. 핵협상은 양국의 중요한 국익이 달려있는 문제라 쉽게 타결되지 못하고 교착을 거듭하였다. 당시 웬디는 이란 측 담당자들과 대화를 나누다가 답답함과 분노를 이기지 못하고 눈물을 흘리게 된다. 전문 외교관들의 협상장에서 뜻밖의 상황이 펼쳐지자 이란 측 협상담당자들은 감정의 동요를 일으켰고 협상의 돌파구가 열리게 된다. 이후 협상은 타결의 길로 들어서 미국과 이란 간에 역사적인 핵군축협상이 타결(다만, 2018년 트럼프의 집권으로 폐기)된다. 협상장에서 보인 웬디의 감정이 드러난 눈물은 아마추어 협상가의 모습이 아니라 협상에 필요한 가치가 얼마나 다양한 것인지를 여실히 보여주는 사례다.

질투를 유발하지 않는 자기 PR의 방법

사람은 자기 자신에 대해 긍정적인 이야기를 하는 사람에게 관심을 가지고 매력을 느낀다. 그런 면에서 자신의 협상력을 높이는 수단으로 적절한 자기 PR은 필수다. 요즘 같이 세상의 변화가 빠르고 정보가 넘쳐나는 시기에는 사람들 속에서 자신을 돋보이게 하는 노력이 더욱 필요하다.

자기 PR이 필요한 상황은 면접이나 첫 데이트처럼 상대가 나를 잘 모르는 상황에서 새로운 친분관계를 만들 때다. 이때는 나의 말 외에는 상대가 나를 평가할 기준이 없기 때문에 적극적인 자기 PR을 통해 자신의 가치를 증명해야 한다. 내게는 이런 능력이 있고 상대에게 어떤 이익을 가져다줄 수 있는지 알려야 한다. 다만, 문제는 적극적인 자기 PR이 지나친 자기 자랑으로 보이는 경우다. 사람들의 시기·질투심을 유발하지 않으면서도 긍정적인 자기 PR을 하는 방법은 다음과 같다.

① 상대의 관심을 유발한 후에 자랑하기

상대가 당신에게 질문을 하고 싶도록 분위기를 만든 후에 답하는 방식은 상대의 거부감을 낳지 않는다.

② 팀 중심의 성과를 언급하면서 자기 얘기를 곁들이기

성과를 팀의 노력으로 돌리면 자랑으로 보일 가능성을 최소화시킨다.

③ 우리 혹은 우리 부서 등 포괄적인 용어를 사용하기

사람들은 '내가' 등의 1인칭 표현을 자제하는 사람을 더 긍정적으로 평가한다.

④ 자랑할 내용을 겸손한 표현으로 돌려서 얘기하기

"더 잘하라는 취지로… 생각하겠습니다."와 같이 겸손한 자세로 얘기를 하면 자랑하는 인상을 주지 않고도 긍정적으로 자기 PR을 할 수 있다.

최고의 제안을 하라

▼

나는 지금은 교외의 주택에 살고 있지만 이전에는 아파트에 살았다. 그 아파트를 매수할 때의 일이다. 딱히 마음에 드는 매물이 없어서 아파트를 매수할 생각을 주저하고 있었는데, 중개인이 "주변 시세에 비해서 상당히 비싼 가격에 나온 매물이 하나 있는데 한번 보겠느냐"라고 제안했다. 각시와 나는 딱히 기대하지는 않았지만 한번 가보기로 했다. 그 집을 처음 둘러보았을 때 외형상으로는 다른 집과 특별한 차이가 없었다. 그런데도 비슷한 조건의 집들에 비해서 높은 가격에 매물로 내놓다 보니 오랜 기간 팔리지 않고 있었다. 매도가격이 높게 설정된 이유는 집주인의 설명을 듣고서야 알 수 있었다. 그는 자신의 아들이 그해 S대 의대에 합격하였고, 자신 역시 사업이 잘 풀려 아파트를 처분하고 주변의 멋진 단독주택으로 이사 갈 예정이라고 하였다. 집터가 좋아 이곳으로 이사 오면 아이들도 집안도 잘 풀릴 테니 매수하라는 것이다. 집주인의 설명은 자녀교육에 관심이 많은 각시의 마음을 요동치게 했고, 어쩔 수 없이 그 집을 매수할 수밖에 없었다. 집주인은 자녀가 잘 되기를 바라는 한국 엄마들의 심리를 이용한 협상전략을 쓴 것인데, 매도인 입장에서는 자기 집의 가치를 최고로 끌어올린 최상의 제안이었다.

자신의 장점과 가치를 제대로 알았다면 이제 자신감 있는 태도로 상대에게 자신의 가치를 반영한 최상의 제안을 해야 한다.

협상에서 상대에게 먼저 최고의 제안을 할 때는 주의할 게 하나 있다. 그것은 내게 최고의 제안이더라도 나름의 설득력이 있는 기준을 가지고 하라는 것이다. 만약 어떤 기준도 없이 높은 수준의 제안을 하였는데 상대가 그 사실을 알게 되면 상대는 내 제안을 신뢰하지 않고 나에 대해 계속해서 협상을 이어갈 상대로 생각하지 않게 된다. 따라서 최고의 제안을 할 경우에는 그 제안의 타당성을 입증할 수 있는 객관적 자료를 준비하거나 나름의 스토리텔링을 활용해 합리적으로 설명할 수 있어야 한다.

만약, 달리 그러한 기준을 준비할 수 없다면 나름의 기준이 있는 것처럼 보이게 하는 것도 하나의 전략이 될 수 있다. 예컨대, 소비자들은 제품의 가격이 3만 원, 5만 원처럼 가격단위로 떨어지는 수로 정해진 것보다 2만 9,300원, 4만 8,900원처럼 세밀하게 정해진 제품을 더 잘 구매한다. 사람들은 세밀히 정해진 가격이 그 물건의 가치를 보다 더 정확히 반영하고 있다고 믿기 때문이다. 판매자가 정확한 근거가 있는 것처럼 정한 가격을 제시하면 소비자는 흥정할 생각이 줄어들고 반면에 구매하려는 욕구는 증가한다.

이와 같은 방법은 사람들에게 자신이 능력 있는 사람인 것처럼 보여 주고 싶어 하는 사람들에게도 활용된다. 이제 갓 변호사 자격을 취득하고 법률사무소를 개업하는 제자들이 제일 먼저 하는 일 중의 하나는 고가의 배기량이 큰 차와 최고급 시계, 그리고 멋진 업무용 가방을 구입하는 것이다. 제자들은 좋은 차를 타고 다니면 사람들이 자신을 잘 나가는 변호사, 왠지 수임료를 두둑이 주어야 할 변호사로 생각한다는 것을 알기 때문이다. 이는 변호사뿐만 아니라 사업상의 거래를 하는 사람들에게 보이는 예외 없는 현상이기도 하다.

사람들의 이와 같은 심리는 이른바 '명품족'들의 구매심리와도 유사하다. 달리 아무 근거가 없음에도 사람들이 고가의 제품을 더 우수한 제품이라고 생각하는 이유에 대해서는 캘리포니아대학교 경제학과 연구팀의 연구결과가 증명한다. 해당 연구에서 사람들은 실제로는 저가의 와인임에도 아주 고가의 와인이라고 제시한 제품을 고가의 제품임에도 불구하고 저가의 제품으로 제시한 와인보다 더 맛있고 훌륭한 제품이라고 평가하였다.

자신의 한계를 설정하지 마라

무엇을 두려워해야 하는지 몰라서 두려움이 없는 사람은 무엇이 두려운지 아는 사람보다 더 많은 성취를 이룰 가능성이 많다.

지금은 변호사시험 합격자가 매년 1,700명 정도 배출되지만 내가 사법시험을 보기로 마음먹은 때는 300명을 뽑던 시기였다. 당시로서는 가장 어려운 시험이라는 평가가 있었다. 그런데 나의 모교 법과대학은 내가 합격할 때까지 7년간 합격자가 나오지 않을 만큼 침체되어 있었고, 선배 중에는 자신도 할 만큼 해보았는데 어렵다고 하면서 사시를 보는 것을 만류할 정도였다. 나 역시 재수를 해서 대학에 들어올 때 간신히 합격해 들어왔고, 영어 · 수학은 아예 포기했을 정도다. 시골에서 종합고등학교를 다니면서 공부에 대한 자극이 없었기 때문이다. 그럼에도 내가 사법시험에 도전해 보기로 마음먹은 것은 그때까지 공부란 공부를 제대로 해본 적이 없었기 때문이다. 이미 고등학교나 대입 과정에서 공부를 열심히 해본 친구들과 달리 내 공부능력의 한계를 몰랐기 때문에 도전에 대한 두려움이 적었다. 그런 마음가짐이 집중해서 효율적으로 공부할 수 있는 배경이 되었고, 비교적 빨리 공부를 끝낼 수 있었다.

협상에 있어서도 마찬가지다. 협상을 통해 큰 이익을 얻고자 한다면 자신이 얻고자 하는 이익에 한계를 두지 말아야 한다. 최대한 넓게 생각하고 파이를 크게 생각해서 제안한다면 많은 것을 얻을 수 있다.

그 경우 협상의 결과를 미리 걱정할 필요는 없다. 어른들이 아이들을 교육하는 상황을 예로 들면, 어른들 역시 아이들에게 목표치를 크고 높게 잡으라고 가르친다. 그래야 아이들이 더 노력하고 결과적으로 더 높은 성과를 낼 수 있기 때문이다. 그 경우 어른들은 목표를 낮게 잡는 아이에 대해 야망이 없다거나 자신감이 부족하다고 뭐라 하지 나중에 아이들이 본래의 목표에 미치지 못했다고 뭐라 하지 않는다. 마찬가지로 우리는 상대와의 협상에서 필요 이상으로 겸양을 떨 필요가 없다. 자신의 가치를 과장해서 너무 높은 수준의 제안을 했다고 상대가 비난하는 상황을 염려할 필요도 없다. 그것은 상대를 속인 것이 아니다. 협상은 의례 그런 것이라고 생각해야 한다.

반면에 적당한 수준에 안주하는 사람들은 최상의 결과를 얻을 수 없다. 그들은 협상의 준비도 소홀히 한다. 주어진 정보를 활용해 자신이 할 수 있는 최고의 제안을 하고자 시도하지 않는다. 자신에게 유리한 정보가 충분한데도 제대로 활용하지 못하고, 오히려 자신에게 불리한 정보에 더 신경을 쓰고 주저하면서 상대가 싫어하지 않을 정도의 안전한 제안만 한다. 또한 상대가 자신의 기대에 미치지 못하는 제안을 하더라도 그냥 받아들이고 거래를 끝내려고 한다. 그러면서 더 높은 금액을 요구할 근거가 없다거나 인간적인 거래를 하려고 했다고 자신을 합리화한다.

과거 변호사시절 내 경우도 그랬다. 의뢰인들에게 나 자신의 가치가 충분히 반영된 보수를 요구하지 못하고 낮게 불렀다. 노동조합에서 변호사를 시작하는 바람에 수임료 협상에 서툴렀다. 어려운 사람들을 도와야 한다는 생각도 있었고, 높은 변호사 수임료에 대한 부담감도 작용했다. 그러면서 '나는 돈에 별 관심이 없어. 이 정도면 충분해'라고 자기 합리화도 했다.

그러나 훌륭한 협상가가 되고자 한다면 마음을 고쳐먹어야 한다. 자신의 가치에 대한 확고한 믿음을 가지고 최고의 제안을 할 수 있어야 한다. 자신이 가진 가치와 강점을 파악한 후에 최고의 제안을 하고, 그것으로 상대를 설득할 수 있어야 한다. 나의 제안에 대해 상대가 거부하고 비난을 할 가능성이 있을지라도 그것을 두려워해서 주저할 필요는 없다. 진정한 협상가의 마음가짐은 두려움과 나약함이 아니라 자신감이다.

갈등을 두려워하지 마라

▼

지녕은 기숙사에서 생활하는데 룸메이트가 학과 선배다. 둘은 성격도 비슷하고 가급적 서로 피해를 주지 않기 위해 배려하면서 생활하였기에 특별한 문제가 없었다. 그러던 중 중간고사 기간에 문제가 생겼다. 다음 날 시험이 있던 둘은 늦게 까지 공부를 했다. 지녕은 새벽 3시까지 공부를 하고 다음 날 1교시 시험을 위해 잠을 청했다. 선배는 계속 공부를 했는데 탁상용 스탠드가 없어서 방의 전등을 켜고 공부를 했다. 지녕은 환히 켜진 전등 때문에 잠을 잘 수가 없었다. '선배가 언제나 공부를 끝낼까? 언제나 불을 끌까?'이런저런 생각을 하면서 잠을 청했지만 잠이 오지 않았다. 선배에게 눈치를 주고 싶어 이리저리 뒤척이기도 했지만 선배는 미동도 없이 계속 공부를 했다. 지녕은 2시간여 잠을 못 이루고 참다가 '이건 정말 아니다 싶어' 얘기를 하게 되었다. "언니, 내가 1교시 시험이라 빨리 자야 하는데 불이 켜져 있어서 잠을 잘 수 없어. 불을 좀 끄면 안 될까? 대신에 내 스탠드를 빌려줄게."라고 말했다. 선배는 약간 떨떠름한 표정이었지만, 지녕은 불을 껐다.

지녕은 잠을 청하면서 '좀 더 일찍 말할 걸'하는 후회가 밀려왔다. 선배와의 관계가 틀어지는 것을 걱정해서 오랜 시간 얘기를 못하고 참다 보니 자신도 힘들고 선배에 대해 좋지 않은 감정이 생기는 것을 느꼈다. 앞으로는 내 권리를 침해당한다면 상대가 누구든 바로 말을 해야겠다고 다짐했다.

지녕의 경우처럼 상대와의 갈등이 염려되어 자기주장을 제대로 못하는 성향을 착한사람증후군Good boy-syndrome[10]이라고 한다. 이런 성향을 가진 사람들은 상대로부터 착한사람이라는 평가를 얻기 위해서 상대의 요구에 순응한다. 상대와의 갈등상황을 피하기위해서 자신의 감정이나 욕구를 내려놓는다. 이들은 스스로 판단하지 못하고 상대의 판단에 기대기 때문에 상대의 눈치를 보고 조바심을 낸다. 나 역시 어려서부터 그랬다.

초등학교 6학년 수학여행 때의 일이다. 당시 시골 사정은 넉넉지 못했다. 평소 반에서 절반 정도의 친구들이 고무신을 신고 다녔으므로 나 역시 특별히 신경이 쓰이지는 않았다. 학교에서 수학여행을 간다고 해서 달라질 거라는 생각은 하지 않았다. 그런데 여행 당일 학교에 가니 평소에 고무신을 신던 친구들이 모두 운동화를 신고 온 게 아닌가. 나 혼자만 고무신을 신고 다니려니 창피했다. 미리 엄마에게 운동화를 사달라고 하지 않은 게 무척이나 후회가 되었다. 여행 둘째 날, 11월 말의 날씨임에도 일찍 첫눈이 왔다. 질퍽이는 첫눈과 고무신으로 인해서 나의 첫 수학여행은 몸도 마음도 매우 추웠던 기억으로 남아 있다.

나는 그런 성향으로 인해서 적극적으로 자기주장을 하거나 제안을 잘 하지 못했다. 협상을 잘 시도하지도 않았고, 잘할 줄도 몰랐다. 시장이나 관광지에서 흥정을 하는 것도 곤혹스러웠다. 다른 사람이 무언가 일을 부탁하면 잘 거절할 줄도 모르고 수락했다가 나중에 후회하는 경우도 많았다.

이런 성향은 두 가지 점에서 문제가 있다. 하나는 그것이 협상의 장애물이라는 것, 또 하나는 자신의 정신건강에도 해롭다는 것이다.

첫째, 이들은 상대의 요구나 제안에 동의하는 데 너무 익숙해진 나머지 자신의 욕구도 잃어버린다. 자신에게 유리한 상황에서 얼마든지 대응할 기회가 있음에도 그런 사실조차 인식하지 못하는 경우가 많다. 자신이 원하는 것을 요구할 줄 아는 사람과 그것을 두려워하는 사람 사이의 연봉격차는 클 수밖에 없다.

둘째, 착한사람 증후군의 잠재적 위험은 분노다. 이들은 상대의 요구를 수행할 자신이 없음에도 수락해버리고 그때부터 스트레스에 시달린다. 이들은 계속 상대의 요구를 들어주다가 어느 순간 마음속에

과부하가 걸리고 분노를 느끼게 된다. 상대와의 갈등이 염려되어 거절을 못했는데 어차피 수락을 해도 분노라는 마음이 생길 거라면 차라리 그것을 해소할 수 있는 방법을 찾는 게 낫지 않을까?

협상의 상황을 받아들여라

착한사람 증후군을 가진 사람들이 명심할 일은 세상은 어차피 협상으로 돌아간다는 사실이다. 사람들의 일상사는 누군가와의 관계에서 무언가를 얻기도 하고 주기도 하는 협상의 일상임을 이해해야 한다.

그리고 협상 자체를 사람들 사이의 경쟁이나 갈등으로 볼 필요는 없다. 협상은 사람들 사이에 주어진 문제를 해결해 나가는 과정이고, 그 과정을 잘 수행하면 서로의 만족감을 극대화시킬 수 있으므로 협상의 상황 자체를 받아들이는 것이 중요하다. 단지 협상에 대한 관점만을 바꾸어도 착한사람 증후군의 문제는 다소간 해소될 수 있다.

나아가 협상을 하나의 게임으로 생각해 보자. 그러면 협상으로 인해 스트레스를 받는 대신에 오히려 즐길 수도 있다. 실제로 협상은 상대의 마음을 얻는 게임이다. 내가 이렇게 행동을 했을 때 상대는 어떻게 생각하고 행동을 할까? 내가 이런 주장을 했을 때 상대는 어떤 반응을 보일까? 내가 상대의 제안을 받아들이지 않으면 상대는 어떤 수정안을 낼까? 서로 간에 상대의 마음을 얻기 위해서 혹은 상대도 모르는 사이에 나의 주장이 수용될 수 있도록 여러 가지 전략과 도구를 사용하는 미묘한 심리게임의 과정인 것이다.

각시는 본래 자기주장이 강한 사람인지라 직장에서 동료들과의 문제해결 과정에 많은 스트레스를 받고 있었다. 그 문제는 일부나마 내 조언으로 해결될 수 있었다. 내가 조언해준 내용은 변호사들이 소송을 하나의 게임으로 생각하듯이 사람들과의 문제해결 과정을 게임으로 생각하라는 것이다. 내가 이런 말과 행동을 했을 경우에 상대가 어떻게 반응하고 행동할 것인지를 생각하면서 문제를 해결하다보면 그 과정 자체를 즐길 수 있다.

와튼스쿨에서 협상을 가르치는 모리교수는 백화점에서 옷을 사서 집에 와서 입어보았는데 옷이 잘 맞지 않았다. 구매를 취소하고 환불을 받으려고 하는데 카드거래명세서를 잃어버렸다. 판매원에게 환불요청을 하였지만 잘 들어주지 않는다. 이들의 대화를 감상해 보도록 하자.[11]

교수: "카드명세서를 잃어버렸는데 백화점에 신용카드로 결제한 내역이 있지 않을까요?"

판매원: "영수증이나 거래명세서가 없으면 취소를 해줄 수 없습니다. (계산대 옆에 기저되어 있는 내용을 보여주며) 여기 그렇게 쓰여 있지요?"

교수: "에이~ 누가 그걸 꼼꼼히 보겠어요?"

판매원: "죄송합니다만, 저희 방침이 그렇습니다. 어쩔 수가 없습니다."

여기서 교수는 잠시 생각에 잠겼다가 다음과 같은 얘기로 상황을 반전시킨다.

교수: "혹시 이 옷이 당신에게 맞을까요? 제가 당신에게 드리는 선물로 생각하세요. 혹시 맞지 않으면 자선단체에 기부하려고요"

판매원: "예? 그러실 필요는 없는데… 손님이 어느 계산대에서 결제했는지 알 수 있으면 거래내역을 찾아볼 수 있을 것 같은데, 혹시 기억하세요?"

대부분의 경우 사람들은 이런 상황에서 왜 구매취소를 안 해주는지 판매원에게 따지면서 목소리를 높여 항의할 것이다. 백화점의 방침은 어차피 그들이 정한 기준에 불과하고, 고객이 동의한 기준도 아니기 때문이다. 물론 목소리를 높여 판매원과 싸우다 보면 관리자가 개입해서 고객의 요구를 들어주는 경우도 있다. 그러나 그 방식은 서로의 감정만을 상하게 할 뿐이다. 심할 경우 고객은 백화점에 블랙리스트로 올라갈 수도 있다. 모리교수처럼 협상의 관점으로 생각을 전환하면 판매원도 호의적인 쪽으로 생각하고 도와줄 것이다. 조건 없는 호의는 상대의 호의를 유발한다(상대성의 원리).

거절을 두려워할 필요는 없다

착한사람 증후군을 겪는 사람들은 상대와의 갈등이 두려워 거절을 하지 못한다. 거절을 당하는 것이 두려워 적극적으로 제안을 하지도 못한다. 거절에 대한 두려움이 커서 그런 상황 자체를 만들려고 하지 않는다. 이들은 상대에게 어떤 요청을 하면서도 “제 요청을 들어주지 않는다 해도 이해합니다.”, “물론 얼마든지 조정이 가능합니다.”와 같은 말을 덧붙이기도 한다. 거절에 대한 두려움 때문에 기껏 요청해 놓고서도 상대가 빠져나갈 수 있는 길을 안내해 주는 것이다. 그러나 다시 강조하지만 갈등이 두려워 거절을 못하고 소극적으로 동의를 하면 스스로에게도 상대와의 관계에도 결코 좋지 않다.

이들의 경우 거절에 대한 관점을 달리 볼 필요가 있다. 거절을 상대와의 전체 대화중의 일부로 생각하고 거절 그 자체에 매몰되지 않아야 한다. 거절을 문제해결의 시작으로 생각하고 그로부터 다양한 정보를 얻어내려는 노력을 하여야 한다. 거절은 더 깊고 진지한 대화로 들어가 서로를 잘 이해할 수 있는 기회이기 때문이다.

조바심을 거두면 길이 열린다.

이들의 한 가지 특징은 바로 조바심이다. 이들은 상대의 제안에 대해 제때 대답을 못하면 상대가 어떻게 생각할지 전전긍긍 불안해한다. 반대로 자기가 제안을 했는데 상대가 곧바로 답을 하지 않으면 제안을 잘못한 것은 아닌지, 거래가 틀어진 것은 아닌지 안절부절 조바심을 낸다.

그러나 조바심은 협상에 아무런 도움이 되지 않는다. 어떻게 해야 할까? 이런 경우에는 가만히 기다리는 것도 한 가지 방법이다. 영국의 철학자 프랜시스 베이컨Francis Bacon은 "침묵은 지혜를 살찌우는 잠"이라고 했다. 침묵을 편안히 받아들이고 스스로 그 상황에 대해 심사숙고할 시간을 갖는 게 좋다.

그런데 조바심을 억누르고 침묵의 상황을 받아들이려면 아무래도 자신감이 필요하기는 하다. 상대와의 관계에서 스스로 자존감을 확보하고 자신의 능력이나 가치에 대해 자신감을 갖는 것이 중요하다. 자기의 제안이 최선의 제안이라고 생각해야 한다.

"제 메일을 잘 받으셨나요. 답장이 없어서 연락드립니다. 제가 제안한 내용은 얼마든지 조정해 드릴 수 있으니 꼭 답변해 주시기 바랍니다."

제발 이런 자신감 없는 태도는 날려버리도록 하자.

자신의 욕구도 중요하다

형오는 대학 졸업 후 어떤 회사로부터 채용제안을 받았다. 하지만, 회사 측이 제안한 급여는 실망스러웠다. 형오는 평소 그의 성향대로 '상대의 제안에 대해 불만을 표시하면 회사가 채용제안을 취소하지 않을까? 급여를 더 요구하면 없어 보일까? 까다롭다는 인상을 주지는 않을까? 괜히 처음부터 이미지만 구기는 것은 아닐까?' 걱정스러웠다. 하지만, 협상을 배웠으니 한번 시도해 보자고 마음을 다 잡았다. 담당자에게 미안해하는 마음으로 조심스럽게 메일을 보냈다.

"채용제안을 해주셔서 너무나 감사합니다. 그런데 급여가 좀 적다고 생각하는데 어떤가요?"

그 후 회사에서는 기본급을 더 올려주겠다고 연락이 왔다. 그리고 형오는 다음부터는 회사와 연봉협상을 할 때, 더 이상 미안해하는 태도도 취하지 않았다.

성공적인 협상은 서로의 욕구를 모두 만족시키는 결과를 가져와야 한다. 자신의 욕구는 등한시한 채 양보를 통해 상대의 욕구만 충족시키는 것은 최선의 협상이 아니다. 본래 가지고 있는 성향 때문에 타인의 요구를 들어주려는 마음을 버릴 순 없다고 하더라도 그 보다 먼저 자신의 욕구를 생각해야 한다. 상대의 욕구뿐만 아니라 자신의 욕구도 중요하다. 자신의 만족을 위해서도 협상을 해야 최상의 해결책을 도출할 수 있다.

한편, 우리가 착한사람 증후군이 있는 사람들의 문제를 얘기하고는 있지만 그들의 성격에 무슨 심각한 문제가 있다는 것은 아니다. 그 성격 자체가 장점이기도 하다. 그들에게 우호적인 사람들은 해를 끼치지도 않고 그들의 선한 행동에 대해 보상을 해주기도 한다. 나 역시도 그런 성향이었기 때문에 부모님을 비롯하여 내 주변의 사람들은 내가 굳이 요구하지 않아도 알아서 챙겨주었다. 다만, 그것은 수동적인 보상일 뿐이다. 협상의 관점에서 그들에 대해 얘기하는 것은 그들이 협상능력이 없다는 것이 아니다. 얼마든지 협상의 전략을 배우고 실행함으로써 지금보다 더 큰 이익과 만족감을 얻을 수 있다는 것이다.

좋은 일도 전략적으로 하라

나는 변호사 자격을 얻자마자 노동조합에서 일을 시작했다. 당시만 해도 변호사가 노조에 들어가서 일을 하는 경우는 처음이었으므로 언론과 방송에서 관심을 가지고 인터뷰를 요청하였다. 나는 저렴한 수임료에 어려운 사람들을 도와주고 싶다는 얘기도 했었는데, 이를 본 많은 사람들이 내게 법적인 도움을 청했다. 처음 그들을 도울 때는 나름 사명감도 있었다. 그러나 점점 일이 많아지면서 나는 지쳐갔고, 마음속으로는 나의 변호사로서의 노동이 값싸게 소비되고 있다는 자괴감이 들기도 했다.

로스쿨에 입학하는 학생들 중에는 경제적으로 어려운 사람들을 돕기 위해 변호사가 되려는 친구들이 꽤 있다. 내가 그들에게 조언하는 바는 처음 도움을 주기 시작할 때부터 자신의 가치가 충분히 존중받을 수 있는 방법을 취하라는 것이다. 내 경우처럼 자신의 가치나 선한 의도가 제대로 존중받지 못한다고 느끼면서도 계속 시간과 노력을 들이면 자신의 가치에 대해 회의감이 들고 그 일을 계속하기 어렵기 때문이다.

한 동안 국제구호단체에 기부금을 약정하고 정기적으로 기부를 했다. 그 단체에서는 기부금이 쓰인 용처를 알려주는 소식지를 보내주었지만 기부에 따른 만족감은 별로 없었다. 수혜자가 나와 너무 멀리 떨어져 있기 때문이다. 기부의 방식을 바꿔보기로 했다. 학교에 있으니 장학금이 필요한 학생들에게 장학금을 주기로 했다. 그리고 장학금의 마련을 위해서 일의 목적과 돈의 용처를 장학금으로 명명하는 방식을 취했다. 본래의 업무와 급여를 제외하고, 추가적인 업무와 관련된 수당을 장학기금으로 조성하였다. 동기부여가 확실해지자 그전에는 귀찮아서 거절했던 일들도 모두 수락하게 되고, 조금이라도 돈 되는 일이 없을까 하고 찾아가면서 즐겁게 일을 할 수 있었다. 내 주변의 학생들에게 장학금을 주니 그만한 만족감이 없다.

기부 혹은 봉사든 사업상의 투자든 그 행위를 통해 만족감을 얻고 장기적으로 그것을 지속하기 위해서는 전략적인 접근이 필요하다. 다른 사람에게 시간과 노력을 투자하기 전에 자신이 감수해야 하는 손해가 있는지, 어느 정도의 시간과 노력을 투자하는 것이 좋을지, 그 대가로 얻을 수 있는 것은 무엇인지 등을 따져보고 결정해야 한다. 이 역시도 협상의 관점으로 바라보고 서로의 가치를 존중하며 가치의 교환이 일어나도록 해야 오래간다.

고객을 확보하고 싶은 마음에 자신의 재능과 지식을 무료로 제공하다 보면, 상대의 입장에서는 우리의 가치를 점점 더 낮게 보고, 가격을 낮춰 부를 수도 있다. 기부·도움이 습관이 되면 상대는 그것을 당연한 것으로 혹은 권리로 생각할 수 있다. 그와 같은 패턴이 반복되면 상대는 우리 스스로 자기 자신을 부족한 사람이라고 여기는 점을 알고서 이용하려 들기도 한다. 무조건적인 도움이 결코 좋은 게 아니다. 상인들은 고객에게 가격을 할인해 주더라도 본래 받아야 할 정상가격을 얘기하고 할인해 준 것이라는 점을 분명히 한 후에 판매한다. 그것이 자신의 호의와 제품의 가치를 잃지 않는 방법이기 때문이다.

노동조합에서 나와 여의도에서 변호사 사무실을 열 때의 일이다. 나를 아껴주던 고향의 재력가 한 분이 여의도에 빌딩을 가지고 있어서 사무실 공간을 부탁드렸다. 그분은 내게 "무료로 사무실 공간을 내줄 수도 있지만, 서로 간의 관계를 위해서는 임대료의 50%는 받는 것이 좋겠다."라고 하였다. 처음에는 서운함도 좀 있었지만 오랫동안 건설업을 하면서 부를 축적했던 그분의 말이 옳았다. 선한 의도로 도와주더라도 어느 정도의 적당한 거리는 필요하다. 서로 간에 어느 정도 긴장관계가 있는 것이 장기적으로 서로에게 좋다는 것을 시간이 지날수록 느낄 수 있었다.

언제 협상하고 언제 싸울 것인가?

사춘기에 접어들 무렵인 중학교 1학년의 교실에는 말썽쟁이들이 몇 명씩 있기 마련이다. 각시가 담임을 맡은 반에도 학기 초부터 골치를 썩이는 남자아이가 한 명 있었다. 각시가 수차례 타이르고 회유하기도 하고 벌점도 주었지만 통 개선되지 않았다.

사건은 1학기의 반이 지난 어느 날 교무실에서 발생했다. 각시는 자기가 앉아 있는 맞은편 의자에 그 아이를 앉혀서 진지하게 대화를 시도하였다. 각시의 얘기에 그 아이가 통 반응을 하지 않자 각시는 아이의 무릎에 손을 집고서 부탁조로 얘기를 하는 상황이 빚어졌다. 그런데 아이는 이 일을 부모에게 일러바쳤고, 부모는 아이가 성희롱으로 인한 인권침해를 당했다며 각시를 교육청의 인권센터에 신고를 했다. 법적인 문제가 발생한 이상 내가 도와줘야 할 상황이어서 각시가 조사를 받는 과정에 참여해 조언을 해주기도 했다. 그런데 아이의 부모는 거기에 만족을 못하고 사건을 확대했다. 아이의 엄마는 학교 앞에서 영어 학원을 운영하면서 다른 학부모들에게도 얼마간 영향력을 행사하고 있었는데, 일부 학부모들을 꾀어 함께 학교로 항의방문을 하였다. 그들은 학교장에게 "학생을 성희롱 하고 인권을 침해하는 교사에게 담임을 맡겨서는 안 된다. 당장 담임을 교체해 달라"라고 요구하였다.

각시의 대응을 도와주고자 그 자리에 있었던 나는 더 이상 학부모들에게 끌려가서는 안 되겠다는 판단을 내렸다. 나는 각시로부터 그동안 학교에서 있었던 일들을 모두 듣고서 반 학부모들에게 돌리는 호소문을 작성해 주었다. '아이들에 대한 애정으로 적극적으로 아이들을 지도하면서 불거진 일을 성희롱이나 인권침해로 주장하면서 담임을 교체 요구하는 것이 정당한 행동이냐? 만약 담임을 교체할 만한 일이라면 그만두겠다. 부모님들의 의견을 듣고 싶다.'는 내용이었다. 반의 전체 학생과 학부모들을 상대로 사실 그대로를 알리고 호소하는 일종의 여론전을 폈다. 그 뒤 상황은 반전되었다. 아이의 부모는 인권침해신고를 취하하였고, 스스로 아이를 다른 학교로 전학을 보내야만 했다.

우리는 때때로 특정 상황에서 주어진 문제를 해결하는 방법으로 원만하게 협상으로 해결할 것인지 아니면 상대와 논쟁을 해서라도 싸울 것인지 고민을 한다. 사람들의 성향에 따라 혹은 구체적인 상황에 따라 얼마든지 대응방식이 다르게 나타난다. 문제는 어떤 기준을 가지고 대응할 것인지에 있다.

이에 대해서는 고대 로마인들이 좋은 해답을 주고 있다. 시오노 나나미는 그녀의 대작『로마인 이야기』에서 이렇게 썼다.

"로마인은 수많은 전쟁에서 이겼다. 그러나 이기고 난 뒤에는 양보했다. 중요한 것은 이기지 않고 양보하면 질서가 생기지 않는다는 점이다."

질서가 없는 혼란한 상황에서는 먼저 질서를 만들기 위해서 협상이 아닌 투쟁을 해야 하고, 질서가 만들어진 이후에는 협상을 통해서 평화를 회복해야 한다는 얘기다. 질서가 필요한 경우는 두 가지 경우를 예로 들 수 있다.

첫째, 상하간의 위계질서 혹은 힘의 우열관계를 명확히 할 필요가 있는 경우다. 하급자가 아무런 정당한 이유 없이 상급자를 무시하는 경우에 상급자는 질서를 세우기 위해서 싸울 필요가 있다. 질서가 없는 혼돈의 상황은 당사자에게도 조직에도 좋지 않다. 이 경우 상급자는 말로도 싸울 수 있지만 자기가 가진 힘을 보여줄 필요도 있다.

둘째, 규범에 혼란이 있는 경우다. 상호 간에 권리와 의무 혹은 옳고 그름을 분명히 해야 할 이유가 있는 경우에는 투쟁을 통해 규범의 질서를 명확히 할 필요가 있다. 상대가 터무니없이 부당하게 나오는데도 적당한 수준에서 타협을 하면 그 순간에는 문제가 해결된 것처럼 보일지라도 나중에 다시 문제가 터질 수 있다. 잠정적인 봉합보다는 문제를 확실히 매듭짓는 게 서로에게 좋다.

다만, 주의할 것은 싸울 때 싸우더라도 상대에 대한 존중의 마음을 결코 잊어서는 안 된다는 것이다. 우리는 단지 질서를 세우기 위해서 싸우는 것일 뿐이므로 그 과정에서 상대의 감정을 손상시킬 필요는 없다.

내가 사는 마을은 도심 외곽 지역의 전원주택 마을이다. 나는 달리기를 좋아하는데, 문제는 땀이 나면 웃통을 벗고 달린다는 것이다. 서울에서 변호사 생활을 할 때는 용산 미군기지 인근 도로에서 미군들이 웃통을 벗고 달리는 것을 보기도 했고, 미국에서 1년간 생활할 때는 집 주변에서 남녀노소 웃통을 벗고 달리는 문화가 자연스러워 보였기 때문에 특별히 남을 의식하지는 않았다. 땀이 날 정도로 더운 날씨에 웃통을 벗고 달리면 시원하기도 하고 살결에 스치는 바람결이 부드러워서 기분이 좋다. 이 마을에 이사를 온 이후로 웃통을 벗고 달리기를 하면 반응은 두 가지였다. 대체로 나이 든 할아버지들 중에는 엄지손가락을 치켜세우며 멋지다고 호응해 주는 분도 있고, 할머니들 중에는 보기 좋지 않다며 옷을 입고 뛰라고 호통을 치는 분도 있었다. 그래도 호응을 해주는 분들이 조금은 많았는데, 싫어하는 분들의 생각도 존중하여 그분들이 뭐라 하면 웃으면서 "예, 알겠습니다."하고는 계속해서 그대로 뛰었다. 그분들의 싫어하는 감정표현도 존중을 하겠지만 그렇다고 해서 내가 누릴 행동의 자유를 제약받고 싶지는 않았기 때문이다. 혹시나 문제 될 만한 소지가 있는지 찾아보니 이전에 헌법재판소에서 경범죄처벌법상의 과다노출죄에 대해 명확성의 원칙 위배를 이유로 위헌판결[12]을 한 이후로는 웃통을 벗는 행위 자체에 대해서는 법적으로 아무런 문제가 없는 쪽으로 결론이 나 있었다. 그런데 어느 날에는 내가 뛰는 길목에 마을 이장님이 기다리고 있다가 나를 불러 세워 다짜고짜 "민원이 들어왔으니 옷을 입어 달라."라고 하는 것이다. 그런 얘기는 종종 듣고 있던 터라 "그럴 생각은 없다"라고 하니 이장님은 황당하다는 표정을 지었다. 나는 아무래도 이 단계에 이르러서는 더 이상 좋은 쪽으로만 대응을 해서는 안 되겠다는 생각이 들었다. 나는 그날 마을 밴드에 다음과 같은 장문의 글을 올렸고, 그 뒤로는 더 이상 잔소리를 듣지 않게 되었다.

"오늘 누군가의 민원에 의해 이장님으로부터 상의 탈의 후 러닝에 대해 주의를 들었습니다. 민원을 제기하신 분에게 제 의견을 드립니다.

우리 마을이 많은 사람들이 구경을 올 정도로 아름다운 이유는 다양한 재료와 형태와 양식으로 지어진 멋진 주택들 때문입니다. 저는 우리 마을이 어린아이들부터 어르신들까지 다양한 세대가 어울려 사는 그런 마을이기를 바랍니다. 저는 우리 마을이 개 키우기를 좋아하는 분들과 그것을 싫어하는 분들이 서로 이해하고 배려하는 그런 마을이 되기를 바랍니다. 저는 우리 마을이 그림과 예술 혹은 가지각색의 문화를 드러내 보여줄 수 있는 그런 마을이기를 소망합니다. 저는 우리 마을이 다양한 생각과 사상이 공존하지만 그것을 강요하지 않는 마을이 되기를 기대합니다.

저의 운동방식은 저의 자유이고 문화입니다. 저의 행위는 법적으로도 그리고 고루한 사고에 빠지지 않는 한 도덕적으로도 문제 될 게 없습니다. 자유로운 분위기의 지역과 마을에서 그렇듯이 우리 마을에서도 저와 같은 행동을 하는 사람들이 자연스레 받아들여질 수 있기를 부탁드립니다. 오늘날 우리가 김구선생이 꿈꾸던 세계 속의 문화강국이 된 이유는 문화적 다양성의 힘입니다.

저의 운동방식에 대해서는 싫어하시는 분들도 있고 엄지손가락을 세워 격려해 주시는 분들도 계십니다. 혹시 싫어하시더라도 바쁘신 이장님께 민원제기는 하시지 않았으면 합니다. 제게 직접 말씀해주시면 저 역시도 제 생각과 감정을 온전히 말씀드리겠습니다.

저 나쁜 주민 아닙니다. 마을 환경을 위해서 집 주변 잔디와 풀도 열심히 깎고 있고 길 건너 집 마당에 불길이 잡히지 않으면 만사 제쳐두고 불 끄러 달려가는 사람입니다. 감사합니다."

제4장

상대를 탐구하라

"우리는 다른 사람이 우리에게 관심을 가질 때에야 비로소 그들에게 관심을 갖는다."

– 푸블릴리우스 시루스(Publilius Syrus)

상대가 중요하다

▼

피아노학원을 운영하는 박원장은 남편이 대전으로 발령이 나 이사를 가야 했다.[13] 때마침 학원 임대차 계약도 만료되어 임대인에게 나가겠다는 통보를 하고 건물을 비워주었다. 그런데 임대인은 다음 임차인이 들어오면 그때 받아서 내주겠다며 보증금을 돌려주지 않는다. 보증금을 받아 대전에 계약한 아파트의 중도금을 낼 생각이었던 김원장은 사정이 급해졌다. 제때에 중도금을 못 내면 계약위반으로 아파트 계약금을 날릴 판이다. 김원장은 평소 알고 지내던 김변호사를 찾아가 '임대차 계약 위반이니 보증금을 돌려주라. 안 주면 소송하겠다.'는 사전경고 취지의 내용증명우편을 발송해 달라고 부탁을 하였다.

김변호사는 먼저 박원장에게 임대인이 어떤 사람인지 자세히 물어본다. 그에 따르면 임대인은 동네에서 마당발로 통하는 적극적이고 활달한 사람이다. 재산도 많고 건물도 부지런히 잘 관리해주어 박원장도 만족스러워했다. 그런데 둘 사이의 관계가 틀어지는 사건이 있었다. 임대인은 건물관리를 이유로 학원에 들어와 둘러보는 일이 잦았는데, 허름한 옷차림에 자주 그런 일이 있다 보니 박원장이 마음에 들어 하지 않았다. 언젠가 한번 "학생들도 있고 하니 앞으로 꼭 필요한 일이 아니면 출입을 삼가 해 달라."라고 부탁을 한 적이 있었는데, 그 이후로 관계가 서먹해져버린 것이다.

사정을 들은 김변호사는 박원장에게 내용증명을 통한 경고나 소송 대신에 감사편지를 쓰는 것을 제안했다. 박원장은 '오랜 기간 건물을 잘 관리해 줘서 그동안 학원을 잘 운영할 수 있었다. 덕분에 남편도 좋은데 발령이 나 이사를 가게 되었다. 그동안 너무 감사했다.'는 내용의 감사편지와 함께 상품권 3장을 동봉해서 보내드렸다. 임대인은 사흘 뒤 박원장의 계좌로 보증금 외에도 이사비조로 50만 원을 더 입금해 준다. 임대인은 그동안 박원장에게 무시당했다는 생각에 복수심으로 보증금을 제 때에 돌려주지 않고 있었는데, 감사편지에 감정이 녹아내린 것이다.

사람들은 흔히 분쟁해결의 수단으로 '법대로'를 외친다. 그러나 법은 분쟁해결의 유용한 수단이기는 하지만 때로는 갈등을 더 증폭시키기도 한다. 그 자체가 강제적인 수단이기 때문이다. 상대의 입장에서는 '네가 감히 나를…'이라고 생각하는 경향도 있으므로 법은 가급적 최후의 수단으로 활용할 필요가 있다.

문제해결을 위해서 김변호사가 가장 중요하게 생각한 것은 무엇일까? 그것은 법도 아니고 계약내용도 아니다. 문제해결의 상대인 임대인이 어떤 사람인지를 알아보는데 있었다. 임대인이 처한 주변 환경이나 그의 성향, 그의 관심사는 무엇이고, 무엇 때문에 관계가 틀어졌는지를 알아보는 과정에서 문제를 해결할 단서를 찾은 것이다. 만약,

처음 박원장의 얘기만을 듣고서 내용증명을 보내 경고하고 소송까지 이어졌다면 재판은 이기겠지만 박원장은 수개월의 기간 동안 보증금을 돌려받지 못하고 손해는 더욱 커졌을 것이다.

김변호사가 취한 방식에서 알 수 있듯이 우리가 주어진 문제를 해결하는 과정에서 가장 중요하게 생각해야 할 것은 상대이다. 이 점에 대해서는 개인심리학의 창시자인 알프레드 아들러Alfred Adler가 그의 저서 『삶의 의미』에서 다음과 같이 극적인 표현으로 강조하고 있다.

"다른 사람에게 관심이 없는 사람은 살아가면서 가장 커다란 문제와 마주치고, 다른 사람에게 가장 커다란 피해를 끼치는 사람들이다. 그런 사람들로부터 일류의 가장 커다란 폐해가 생겨난다."

성공적인 협상을 위해서도 상대는 가장 중요하다. 내가 얼마나 뛰어나고 훌륭한 제안을 하는지가 중요한 게 아니다. 협상은 내가 아무리 좋은 제안을 하더라도 상대가 내 쪽으로 움직이지 않으면 어떠한 결과도 얻을 수 없기 때문이다.

중국의 고전인 손자병법에서도 상대의 중요성을 강조한다.

"知彼知己, 百戰百勝, 百戰不殆"

상대를 알고 나를 알면 백번 싸워도 모두 승리하고 위태롭지 않다.

상대를 탐구하는 5가지 방법

▼

상대가 외국인일 경우 친해질 수 있는 가장 쉬운 방법은? 당연하지만 상대의 말을 배워 얘기하면 된다. 협상 역시 마찬가지다. 우리가 협상을 잘하고 싶다면 가장 먼저 할 일은 상대에 대한 정보를 최대한 많이 찾아보는 것이다. 단지 그러한 노력을 하는 것만으로도 상당한 효과를 볼 수 있다. 와튼스쿨에서 협상수업을 듣던 콘텐츠 마케팅회사의 운영자는 고객의 정보를 알려는 노력만으로도 최근 몇 년간 매출을 40% 증가시키는 성과를 올렸다.[14] 그는 고객의 욕구를 파악하기 위해 예전보다 훨씬 더 많은 시간을 할애해 고객의 프로필, 고객의 사업과 관련된 자료, 최근 어떤 일을 하는지 등을 찾아보는 방식을 시도하였을 뿐이다. 아래에서는 상대를 탐구하는 구체적인 방법들에 대해 알아보자.

1. 상대의 세계에서 사고하기

어느 날 우연히 TV 상담프로그램에서 정신건강의학 전문의 오은영 박사와 배우 이창훈의 대화를 보게 되었다. 이창훈은 가족들이 위험에 빠지지 않도록 보호해 주는 게 아빠의 가장 중요한 역할이라 생각하고 있었다. 그는 부인이 1시간만 통화가 안 돼도 불안해서 여기저기 전화를 거는 성향이다. 중학생인 딸에 대해서는 진드기 보디가드였다. 딸이 초등학교에 입학해서부터 줄곧 승용차로 등하교를 시켜주었는데 교문 앞에서 바로 픽업해 주는 완전 밀착형 방식이었다. 중학교에서 야외 놀이공원에 소풍을 갈 때는 딸이 위험하다고 함께 따라가려고 까지 했다. 그는 '학교가 왜 굳이 그렇게 위험한 곳으로 소풍을 가지? 학교에서 해도 될 텐데'라고 생각하고 있었다. 이를 듣고 오박사는 아빠의 과보호가 문제라고 줄곧 설득하고 있었다. 둘의 대화내용을 감상해 보자.

오박사: "아이를 밀착해서 보호하면 아이는 또래의 경험을 못한다. 또래들과 어울려 떡볶이도 먹어보고 같이 걸어 다녀도 보고 해야 하는데… 아이는 경험을 하면서 큰다. 부모의 역할은 아이가 스스로 자립하고 독립할 수 있도록 도와주는 거다. … 골목길에 아무도 없는 곳도 지나가 봐야 한다. 버스나 지하철에서 다른 사람과 부대끼는 경험도 해봐야 한다. 누구나 사회생활을

하면서 공통적으로 겪을 수 있는 위험 상황은 스스로 겪어 보고 그런 상황에 대처할 수 있는 능력을 키워나가야 한다. 그때 배우지 못하면 위험에 대처할 능력이 생기지 않는다. 당신은 아이의 안전만을 생각해서 아이를 유아기 때처럼 대하고 있다. 아이가 좋아하지도 않는다. 교육에 있어서 유아기적 수준에 머물러 있다."

오박사가 온갖 논리와 이론으로 설득하고 비난 섞인 발언을 해도 이창훈은 꿈쩍하지 않는다.

이창훈: "딸이 친구들과 돌아다니는 거 자체가 위험하다. 어떻게 버스를 타게 하느냐. 누구에게나 공통으로 위험이 생길 수 있는 상황을 만들지 않으면 되지 않나? 그런 상황에 노출시키지 않는 게 부모의 역할이다. 아이가 완전히 성장할 때까지 내가 지켜주겠다. 그러려고 요즘 운동도 열심이다. 나는 절대로 아이를 위험상황에 노출시키지 않겠다."(그는 자신이 초등학교 1학년 때부터 4년간 1시간 거리의 학교를 혼자서 걸어 다니다가 동네 형들로부터 맞기도 하고 여러 위험한 경험을 해서 그런 생각을 가지게 되었다고 한다)

오박사: "당신이 그렇게까지 아이의 안전에 신경 쓰는 이유가 무엇이냐?"

이창훈: "아이를 사랑하니까요."

오박사: "그런 사랑은 작은 사랑에 불과하다. 아이는 더 많은 것을 경험하고 배우고 커 나가야 되는데 당신 때문에 아이가 배우고 경험하지 못하는 것은 큰 사랑이 아니다."

이창훈: "……" (이창훈은 그제서야 심경의 변화를 일으킨다)

확고한 자기만의 세계에 틀어박혀있는 사람을 일반적인 논리로 설득을 하는 것은 쉬운 일이 아니다. 오박사가 그랬듯이 상대의 가치관과 기준을 이용하여 설득하는 것이 가장 효과적인 방법이다. 아이를 사랑하는 아빠의 욕구와 가치관을 전제로 해서 그 논리로 설득을 하자 이창훈의 닫힌 마음도 열린 것이다.

협상을 성공적으로 이끌기 위해서는 내가 원하는 영역으로 상대가 움직일 수 있게 해주어야 한다. 상대를 움직이기 위해서는 상대의 관점을 이해하는 것이 중요하다. 미국에서 성경 다음으로 많이 읽힌 문학작품 중의 하나인 『앵무새 죽이기』에서 저자인 하퍼 리Harper Lee는 변호사 애티커스 핀치를 등장인물로 내세워 다음과 같은 얘기를 한다.

"상대방 관점에서 생각해 보기 전에는 절대 그 사람을 이해할 수 없다." 또한 작품 속의 꼬마 주인공 스카웃이 소설 내내 두려움과 공포의 대상이었던 옆집 브래들리 아저씨에 대한 편견을 뒤집는 순간이 오는데, 그 집의 밖에서 바라봤던 이전의 경험과 달리 그 집의 안에서 밖을 바라볼 수 있는 기회를 통해서 그동안 자신이 가졌던 편견을 깨닫는다.

내가 보기에 세계사의 인물 중에 가장 뛰어난 사람을 꼽자면 카이사르Caesar다. 그가 정치가와 장군으로서 고대 유럽을 오늘날의 유럽지형으로 만들고 로마제국의 초석을 놓을 수 있었던 것은 사람의 심리를 읽는 능력이 탁월했기 때문이다. 그 역시 다음과 같은 말을 남겼다.

"대부분의 사람은 자기가 보고 싶은 현실만 본다. 그러나 정말 능력 있는 사람은 보고 싶지 않은 현실, 남이 보는 현실을 볼 줄 안다"

협상교육과 관련하여 많이 인용되는 사례는 제니와 조이 자매의 오렌지 나누기 얘기다. 언니 제니와 동생 조이는 하나의 오렌지를 서로 차지하겠다고 다투고 있다. 여느 집안처럼 엄마가 자매들의 중재자로 나선다. 엄마의 중재안은 언니에게는 오렌지를 반으로 자를 수 있는 권한을 주고, 동생에게는 먼저 선택할 수 있는 권한을 준다. 누가 봐도 합리적인 안이다. 그런데 오렌지를 분배한 후에 벌어진 일을 보면 그렇지 않다. 오렌지를 좋아하는 동생 조이는 오렌지를 받아 밖으로 나가더니 알맹이만 먹고 껍질은 쓰레기통에 버린다. 요리를 좋아하는 언니 제니는 주방에 들어가 오렌지 껍질을 벗긴 뒤 이를 씻어서 본인이 구운 케이크 위에 장식으로 올리고 알맹이는 쳐다보지도 않는다. 엄마는 황당해한다.

협상의 관점에서 보면 자매의 엄마에게는 C학점을 주기도 아깝다. 아이들의 만족감을 극대화시키기 위해서는 엄마가 아이들의 성향과 욕구를 제대로 파악해야 했다. 모든 협상이 그와 같다.

협상의 상대를 제대로 파악하기 위해서는 스스로 상대가 되어봐야 한다. 역지사지의 마음으로 상대의 머릿속으로 들어가 생각해야 한다. 그의 현재 감정은? 그의 생각이나 욕구는? 그의 종교나 가치관은? 그의 취미나 습관은? 그가 의지하는 혹은 그에게 영향력을 끼치는 사람은 누구인지? 등 그와 관련된 모든 것을 찾아보아야 한다.

그런 연후에 상대의 관점에서 상대가 관심 있어하는 얘기를 해야 상대를 움직이게 할 수 있다. 협상과정에서는 나의 관점이나 내 사정은 그다지 중요하지 않다. 본래 상대의 얘기에 대해서는 관심이 없는 것이 사람의 본성이기 때문이다.

2. 호기심으로 접근하기

내 주변의 사람들 중에는 나름 꽤 똑똑한 친구인데도 불구하고 사람들로부터 그다지 인정받지 못하는 경우가 있다. 이들을 보면 자신이 너무 똑똑하다고 생각해서인지 다른 사람들에 대한 관심이 적다. 이미 자신이 충분히 알고 있다고 생각해서 그런지 새로운 정보를 찾아보려고 하지 않는다. 그러나 그런 태도로는 유능한 협상가가 될 수 없다.

반면 타인에 대해 호기심이 강한 사람들의 주변에는 사람들이 넘쳐나고 많은 인정을 받는다. 그들은 대화상대와 더 쉽게 유대감을 형성하고 친해진다. 그에 따라 상대에 대해 많은 것을 알게 되므로 더 효과적인 협상이 가능하다.

만약 면접을 보거나 새로운 사람과 미팅이 잡힌 경우라면 사전에 상대에 대해서 호기심을 가지고 최대한 많은 정보를 파악해야 한다. 그 후 면접관이 좋아하는 주제를 가지고 대화를 진행할 수 있으면 원하는 결과를 기대해도 좋을 것이다.

실제 협상에서는 상대에 대한 본격적인 제안에 앞서 호기심을 가지고 천천히 대화를 나누며 서로에 대한 정보를 알아가는 과정이 필요하다. 상대가 어떤 사람이며 무엇에 대해 관심이 있는지, 거래에 영향을 미칠 수 있는 요인은 무엇인지 등 정말로 알고 싶은 마음으로 이야기를 나누어야 한다. 그러다 보면 사전에 상대에 대해서 알고 있던 게 잘못된 정보라는 것을 확인할 수도 있고, 미리 구상해 놓은 전략을 수정할 상황도 생긴다.

3. 질문 위주로 대화하기

어떤 작은 회사에서 연봉협상을 하는 상황을 가정해 보자. 사장은 어떤 직원에 대해서 10% 연봉인상을 염두에 두고 있다. 그 직원이 회사에 대한 충성도도 높고 성과도 높기 때문이다. 그런데 그 직원은 사장에게 첫 제안으로 30%의 연봉인상을 요구하여 사장을 당황스럽게 한다. 사장은 근로자들의 이직이 활발한 시기에 그 직원을 다른 회사에 빼앗기고 싶지는 않다. 당신이 사장이라면 어떻게 대처해야 할까?

양쪽의 기대 수준에서 중간인 20% 인상으로 절충을 본다? 그러나 그것은 훌륭한 협상가가 취할 방법은 아니다. 이런 경우에는 그 직원에게 어떤 이유로 30% 인상을 요구하는지 물어보아야 한다. 직원은 여러 가지 이유로 답할 수 있다. 요즘 집에, 가정에 다른 문제가 있을 수도 있다. 갑자기 오른 전세자금이 필요할 수도 있고, 이사나 아이문제 등 다른 이유가 있을 수 있다. 경우에 따라서는 그 직원의 문제를 해결해 주는 데 회사가 도와줄 수 있는 부분도 있고, 사회경험이 풍부한 사장의 도움이 필요한 경우도 있을 수 있다. 문제의 근원을 알게 되면 과도한 임금인상이 아니더라도 다른 방식으로 도움을 줄 수 있다. 다양한 해결책을 제시해 줌으로써 그 직원과의 연봉협상도 서로가 만족하는 수준에서 원만히 합의를 이끌어낼 수 있을 것이다. 연봉 외의 다른 해법을 통해서 만족감을 끌어낸다면 회사에 대한 충성도도 더 높아질 것이다.

대부분의 사람은 자신이 얘기하는 걸 좋아한다. 그러나 상대로부터 많은 정보를 얻어내야 하는 협상에서는 내 말보다는 상대의 말이 더 중요하다. 상대의 말과 표정, 움직임 속에는 그에 대한 정보가 가득하다. 계속해서 상대에게 질문을 함으로써 말할 수 있는 기회를 주는 게 좋다. 그래야 협상의 결과를 가져올 수 있다. 미국의 가장 위대한 법사상가로 꼽히는 올리버 웬델 홈즈Oliver Wendell Holmes의 다음과 같은 말을 되새겨보자.

"말하는 것은 지식의 영역이고, 듣는 것은 지혜의 영역이다."

아직 경험이 적은 변호사들은 의뢰인의 문제에 대해서 사건에만 집중하는 경향이 있다. 그러나 문제는 동일해도 의뢰인의 대응은 천차만별이다. 의뢰인의 가치관이나 성향, 주변의 상황 모든 것이 다르다. 의뢰인에 맞는 해결책을 제시해 주기 위해서는 항상 물어야 한다. 문제를 정확히 알아야 그에 맞는 해결책을 제시해 줄 수 있기 때문이다.

잘 모르겠다면 직접 질문을 해서라도 알아보자. 자신에 대해서 관심을 가져주고 알려하는 사람을 싫어하는 사람은 없다. 면접을 보는 경우에도 면접관의 질문을 기다리지만 말고 면접관이 관심 있어할 만한 내용을 적극적으로 물어보는 것도 좋은 인상을 남기는 방법이다.

다음과 같은 방법으로 질문해 보자.

① 질문을 통해 상대의 경계심을 풀어주자. "이 방식은 공정하지 않습니다."와 같은 단정적인 말보다는 "혹시, 이것이 공정하다고 생각하십니까?"와 같은 질문형 대화가 상대의 감정을 누그러뜨린다.

② 상대에 대한 호기심이 묻어나는 질문을 하자. "당신의 이야기가 듣고 싶어요."

③ 특정한 답변을 요구하지 않는 개방형 질문을 사용하자.

④ 주의사항: 상대로 하여금 심문을 당하는 기분을 느끼게 하지는 말자. 자신을 조종하기 위해 질문을 던지고 있다는 느낌을 줘서도 안 된다.

4. 편견에서 벗어나기

우리가 상대를 알고자 할 때 이를 가로막는 가장 큰 장애물은 무엇일까? 그것은 내 안에 있는 상대에 대한 편견 혹은 선입견이다. 그러한 편견을 제거하지 않고서는 결코 상대를 제대로 이해할 수 없다. 이에 대해 러시아의 대문호 톨스토이는 그의 저작 『신의 나라는 네 안에 있다』에서 다음과 같이 썼다.

"아무리 어려운 주제라도 그것에 대해 선입견이 없다면 머리 나쁜 사람에게도 이해시킬 수 있지만, 아무리 쉬운 주제라도 이미 알고 있다고 확신하는 똑똑한 사람에게는 이해시킬 수 없다."

사람들이 편견을 가질 수밖에 없는 이유는 앞서 카이사르가 얘기했듯이 자기가 보고 싶은 것만 보고, 듣고 싶은 것만 듣는 성향 때문이다. 요즘과 같이 정보가 넘쳐나는 세상에서 그런 경향은 점점 더 강화되고 있다.

편견은 생기기는 쉬워도 그것을 바꾸기는 어렵다. 이는 사람들이 진실을 알려하기보다는 일관성을 추구하고자 하는 인지편향에 빠지기 쉽기 때문이다. 최근 미국의 어떤 연구에서는 이에 대한 실험도 있었다.[15] 실험방법은 참가자들에게 먼저 동성결혼 찬반에 대한 의견을 말하게 한 후에 자신이 찬성하는 견해의 자료를 읽고 그에 대한 질의응답을 하면 7달러, 자신이 반대하는 견해의 자료를 읽고 그에 대한 질의응답을 하면 10달러를 지급하는 것이다. 실험결과 참가자들의 60% 이상은 7달러를 받는 쪽을 선택한다. 이 실험에서 알 수 있듯이 사람들은 대체로 나와 반대되는 의견을 듣고 싶어 하지 않는다. 그 이유는 상반되는 두 견해를 동시에 가지게 될 때 겪는 심리적 불편함인 인지부조화를 겪고 싶어 하지 않기 때문이다.

한편, 우리는 상대에 대해 잘못 생각하기도 하지만 때로는 상대와 생각이 다른데도 다르다는 것을 인식하지 못해서 문제가 생기는 경우도 있다. 그것은 공정성이나 합리성 등 객관적인 가치와 관련된 경우다. 사람들은 살아온 환경이나 가치관에 따라서 그것에 대한 생각이 얼마든지 다를 수 있다. 단순히 내 가치기준만을 생각해서 '상대도 당연히 그렇게 생각하겠지'라고 생각하게 되면 더 이상 대화의 진행이 어렵고 협상은 교착상태에 빠지게 된다. 그 경우 우리는 상대와 대화를 하면서도 왠지 핵심에 접근하지 못하고 겉도는 느낌을 받는다. 이때는 상대가 공정성이나 합리성에 대해서 어떠한 생각을 가지고 있는지 확인하고 그런 전제에서 상대와 대화를 해야 협상이 진전될 수 있다.

협상 당사자 간에 생각의 차이가 당연히 있을 수 있다는 전제에서 보면 그 문제로 인하여 협상의 진행에 어려움이 예상되는 경우에는 이를 사전에 예방하는 것이 좋다. 어떤 방법이 있을까? 이 경우에는 당사자가 사용하는 기준이나 용어의 의미에 대해 먼저 개념을 정확히 정립하고 협상을 진행하는 것이 좋다. 그래야 서로 간에 불필요한 오해가 생기지 않는다. 이러한 방법은 법을 만들 때 법률에 '정의규정'을 두는 방식으로 사용되기도 하고, 복잡한 계약을 체결하는 경우에도 계약내용에 대한 해석상의 혼란을 예방하기 위해서도 사용된다.

5. 경청하기

상대의 말은 그에 관한 정보를 가장 많이 담고 있다. 그런데 우리는 상대와 대화를 하면서 그가 한 얘기를 100% 전부 듣고 있다고 자신할 수 있을까? 나 자신의 경험에 비추어보면 그것은 쉬운 일이 아니다. 온전히 대화의 순간에 집중하는 것은 상당한 에너지를 소모하는 일이고 오랜 시간 할 수 있는 일이 아니다.

그러나 우리가 협상을 잘하기 위해서는 상대와의 대화에 집중해야 한다. 상대와의 대화에 집중을 할 경우에 많은 것을 얻어낼 수 있다. 상대의 말을 통해서 얻는 정보뿐만 아니라 상대의 감정 상태나 상대가 협상에 임하는 태도도 알 수 있다. 상대의 눈빛과 표정, 반응과 움직임, 메모 여부, 의자에 앉아 있는 자세 등 사소한 행동이라도 그의 현재 상태를 알려주는 유용한 단서가 될 수 있다. 유능한 협상가는 상대에 관한 단 하나의 정보도 놓치지 않겠다는 마음가짐이 필요하다.

상대와의 대화에 집중하고 상대의 말을 잘 듣는 것을 우리는 경청ÐÐ이라고 한다. 제대로 듣는 경청은 상대에게 머리를 기울여 주의 깊게 듣는 것이다. 상대를 존중하고 서로 간에 진정한 대화를 위해 필요한 신뢰를 제공하는 것이다. 사람들은 상대가 자신의 말을 경청한다고 느낄 때 자신의 생각과 감정을 솔직하게 밝히는 경향이 있다. 또한 자신의 말을 경청해 주는 사람을 만나면 열린 태도로 상대의 관점에 좀 더 귀를 기울인다.

상대와 진솔한 대화로 문제를 풀어가야 하는 협상은 상대의 말을 경청해 주는 것으로부터 시작된다고 할 수 있다. 유능한 협상가는 상대에게 '세상에서 지금 당신보다 더 중요한 사람은 없고 지금 나누고 있는 이 대화보다 더 중요한 것은 없다'는 메시지를 계속해서 보내는 사람이다.

문제는 경청하는 방법이다. 사람들이 경청을 한다고 할 때 제대로 경청을 하고 있는지는 의문이다. 스티븐 코비Stephen R. Covey 박사는 그의 빛나는 저서 『성공하는 사람들의 7가지 습관』에서 "대부분의 사람은 이해하려는 마음으로 듣는 것이 아니라 대응하려는 마음으로 듣는다."라고 쓰고 있으니 말이다. 실제로 우리의 일상적인 대화를 되돌아보면 그 말에 대해 이의를 제기하기는 어렵다. 사람들은 상대에게 대화의 주도권을 빼기지 않기 위해서 어떻게 반응을 할 것인가를 생각하면서 상대의 말을 듣기 때문이다.

그러나 진정 경청이라고 할 수 있으려면 온전히 상대의 말에 집중을 해야 한다. 상대의 말을 들으면서 마음속으로는 자신이 할 말을 생각하고 있다면 그것은 경청이라고 할 수 없다. 상대가 얘기할 때는 자신의 생각과 판단을 중지하고 오직 상대의 말을 이해하기 위해서 귀를 기울여야 한다. 협상에서 경청이 필요한 이유는 상대를 탐구하려는 것인데 상대의 말을 들으면서 다음에 자신이 할 말을 생각하다보면 상대에게서 얻을 수 있는 중요한 정보를 놓칠 가능성이 크기 때문이다.

친구의 고민을 들어줄 때도 마찬가지다. 내가 해줄 말을 생각하는 것이 아니라 그의 말을 들어주는 것, 그 순간 그것이 내가 할 일이다. 친구의 고민을 진심으로 들어주고 공감해 주는 것 그 자체로 친구의 고민은 어느 정도 해소된다. 그에게 해줄 조언을 생각하는 것은 그 뒤의 일이다. 자신의 조언을 앞세우다가 친구를 서운하게 하는 우를 범할 수도 있다.

때로는 상대의 말을 집중해서 듣다가 그에 대응할 말이 떠오르지 않아서 잠시 어색한 상황이 연출되기도 한다. 그러나 그러한 상황을 걱정할 필요는 없다. 협상의 상황에서는 잠시의 어색함을 감수하고서라도 집중해서 듣는 것이 더 중요하다. 만약, 상대의 말에 대응할 말이 바로 떠오르지 않는다면 다음처럼 솔직히 얘기하면 된다. "당신 얘기에 대해 잠깐 생각할 시간을 주시겠어요?"

위와 같이 상대의 말을 집중해서 듣는 방식을 소극적 경청이라고 한다면 상대의 말에 대해 적절히 반응을 함으로써 상대의 얘기를 더 많이 이끌어내는 것을 적극적 경청이라고 한다. 적극적 경청은 다음 세 가지 방법을 통해 이뤄진다.

① 적절한 리액션 하기

상대와 눈을 맞추고 상대의 감정표현을 따라 하면서 상대의 얘기에 고개를 끄덕이거나 추임새를 넣어주는 방법으로 상대에게 잘 듣고 있음을 보여준다.

② 핵심 문구를 반복하기

상대가 방금 한 말 중에서 핵심적인 문구를 포착하여 따라 해 줄 경우 다양한 효과를 누릴 수 있다. "핵심 문구를 반복하라고?" 상대의 얘기를 잘 듣고 있다는 경청의 메시지를 주는 것이기도 하고, 반복해 주는 용어와 관련된 얘기를 더 자세히 듣고 싶다는 부탁의 의미를 내포한다. 그러면 상대는 기분 좋은 상태에서 방금 한 말에 대해 열심히 부연설명을 하게 되고, 자연스럽게 자신의 정보를 내어준다. 상대에게는 더 많은 말을 할 수 있는 호의를 베풀고, 그것을 들으면서 내 쪽의 전략을 가다듬을 수도 있다.

③ 대화내용을 요약하기

상대와의 대화 도중에 일정한 간격으로 대화의 내용을 요약해 준다. 이는 내가 상대의 얘기를 잘 경청하고 있고, 그 얘기를 잘 이해하고 있다는 것을 확인시켜 주는 과정이다. 나아가 협상의 진전 상황에 대해서 공동의 인식을 하고 있다는 점을 인식시켜 준다는 점에서 상대의 호감을 얻을 수 있다.

사람마다 상황마다 다르다

▼

협상스타일

우리는 인생을 살면서 다양한 사람들을 만나게 되는데 그 사람들의 협상스타일은 저마다 천차만별이다. 사람들의 협상스타일이 다른 이유는 그 사람이 본래 가진 성격을 토대로 하여 살아온 환경이나 직업에 따라 얼마든지 달라질 수 있기 때문이다.

협상을 잘하기 위해서는 나뿐만 아니라 상대의 협상스타일도 알고 있어야 한다. 다양한 사람을 상대하면서 그가 어떠한 성격이고 어떤 행동을 할지 잘 모른다면 효과적인 협상전략을 사용할 수 없기 때문이다. 상대의 협상스타일을 파악함으로써 상대의 강점과 약점을 고려하여 대응방식을 준비할 수 있도록 하자.

협상의 세계에서는 전통적으로 분석가, 사교가, 독단가 등 세 가지 유형으로 협상스타일을 분류하는 것이 일반적이다. 그런데 최근 젊은 층에 유행하는 MBTI 성격유형분류[16]에 의하면 사람은 개인이 가진 에너지의 방향성(내향/외향), 정보나 사물에 대한 인식방식(감각/직관)과 판단방식(감정/사고), 그에 따른 행동방식(판단/인식) 등 4가지 선호지표에 따라 16가지로 분류되고 있다. 개인의 성격적 특성을 더 세부적으로 반영하고 있다는 점에서 MBTI 성격유형을 배워보는 것도 좋겠지만 우선은 전통적인 방식에 따른 협상스타일을 알아보기로 하자.

1. 분석가

이들은 신중하고 꼼꼼한 성격으로 내향성 기질을 가지고 있다. 대화 시에는 차분한 말투를 사용한다. 사람들과의 교류보다는 일의 성과에 집중하는 경향이 있다. 효율적인 일의 수행을 위해서 사람들과의 협업보다는 혼자서 일하는 방식을 선호하고, 오랜 시간 동안 정보를 수집하여 철저하고 체계적인 방식으로 업무를 진행한다.

협상의 과정을 보면 이들은 상대의 제안에 대해서 즉각적으로 반응하지 않고 그 자체를 새로운 정보로 받아들여 분석한다. 내 경우도 전형적인 분석가 유형(MBTI 분류에 의하면 INTJ)에 해당한다. 내 기억에 의하면 사법시험 1차 발표를 접했을 때 그런 성향이 가장 잘 드러났다. 고시생들에게는 이 순간이 가장 기쁜 순간인데도 당시 내 표정은 그렇지 않았나 보다. 옆에 있던 친구가 나중에 말해준 바에 의하면 내가 떨어진 줄 알고 조심스러워서 말을 걸지 못했다는 것이다. 그러나 그때 나는 '이제 2차 공부는 어떻게 하지? … 다른 친구들은 합격했을까?'라는 생각에 잠겨있었을 뿐이다. 이와 같이 이들이 협상 중에 침묵하고 있다면 그것은 무언가 생각 중에 있다는 것이니 상대는 어색해하거나 두려워할 필요가 없다.

이들의 성향 중의 하나는 상호성에 민감하다는 것이다. 이들은 하나를 양보하면 상대도 그에 상응한 양보를 해줄 것으로 기대하는데, 그런 기대가 충족되지 못하면 분노게이지가 상승한다.

이들 유형에 해당하는 사람들은 그를 상대하는 사람들이 자신에 대해서 냉정하다거나 거리감을 느낀다는 얘기를 들어봤을 것이다. 내게 해당되는 말이기도 하다. 이들은 상대를 내게로 움직이게 하기 위해서는 웃는 얼굴로 상대를 대하고 사람들과의 관계에도 신경을 써야 한다. 반대로 이들을 상대하는 사람들은 만만한 상대가 아니니 철저히 준비를 한 후에 대하는 것이 좋다.

2. 사교가

이들은 친절하고 유쾌한 성격으로 외향성 기질을 가지고 있다. 상대와의 대화에 공감능력을 잘 발휘해서 사람 좋다는 얘기를 많이 듣는다. 이들은 일의 성과보다는 상대와 우호적인 관계를 맺는 것을 더 중요하게 여긴다(MBTI 분류에 의하면 ESFJ). 일을 함에 있어서는 사전에 치밀하게 준비하기보다는 상대와의 대화를 통해 알아가면서 일을 추진하는 방식을 활용한다. 옆에서 관찰해 보면 주의가 산만한 느낌이 들고 시간을 효율적으로 잘 활용하지 못하는 모습을 볼 수 있다.

이들과 같이 일을 할 때는 마음을 단단히 먹는 게 좋다. 우리가 일을 통해 성과를 낸다는 것은 그 일을 반대하는 사람들의 욕을 먹으면서도 일을 추진해 나가야 한다. 그런데 이들은 욕을 먹기보다는 일을 안 하는 게 낫다고 생각한다. 이들은 토론과 논쟁을 거북해한다. 이들이 일을 하는 과정에서 어떤 문제점을 발견한다고 해도 그 문제가 수면으로 드러나기는 쉽지 않다. 이들은 상대와의 갈등이 두려운 나머지 일을 포기하는 성향이 있기 때문이다. 반대로 이들에게 어떤 문제에 대해 얘기해본들 그로부터 이견을 듣기는 쉽지 않다. 그런데 이들이 생각 자체를 얘기하지 않는 것을 넘어 말 자체를 하지 않고 침묵에 빠지는 경우가 있다. 사람과의 관계를 우선시하는 그들이 예외적으로 분노하고 있는 상황이므로 이 경우에는 상대 역시 조심해야 한다.

이들을 상대할 때는 그들의 의견이 구체화될 때까지 참고 기다려 줄 필요가 있다. 그들과 대화할 때는 개방형 질문을 많이 사용해서 그들의 생각을 이끌어낼 수 있어야 한다. 다행히 그들이 생각을 말하는 경우에는 다시 우유부단한 상황에 빠지기 전에 그들이 말한 내용을 행동으로 옮길 방법을 찾도록 노력해야 한다.

3. 독단가

이들은 세상의 모든 일을 자신이 다 주도해야 직성이 풀리는 스타일이다(MBTI 분류에 의하면 ESTJ 혹은 ENTJ). 이들이 말하는 방식은 직설적이고 공격적이기까지 하다. 이들은 상황을 주도하기 위해서 자신의 생각을 솔직하게 말한다. 자기가 대화의 주도권을 가지고 있어야 한다고 생각하고 상대의 의견을 궁금해하지 않는다. 자기의 말을 다 쏟아내기 전까지는 상대의 말을 귀 기울여 듣지 않는다. 이들은 대화 중에 상대가 침묵하고 있으면 상대가 더 이상 할 말이 없거나 자신의 말을 듣고 싶어 하는 것으로 생각한다.

이들은 일의 성과를 내는 것을 중요하게 여긴다. 일을 효율적으로 수행하기 위해서 시간을 낭비하는 것을 싫어한다. 어떻게든 상대와의 경쟁에서 이기려는 욕구가 강하고, 일하는 과정에서 갈등을 두려워하지 않는다.

이들의 협상방식은 상대와의 관계보다는 자신의 목표에 집중한다. 상대에 대해 알아보기 위해 질문을 하기보다는 자신의 의견을 이해시키는 걸 우선한다. 이들은 상호성의 성향이 유달리 강하다. 이들은 자신이 양보를 하면 상대도 당연히 호의를 베풀 것으로 기대하고, 그것을 받을 때까지 시간을 체크하면서 기다린다. 혹시라도 상대가 호의를 제공하지 않으면 죽을 때까지라도 기억한다. 다만, 이들의 상호성은 한쪽으로만 작용한다. 이들에게 무엇을 주더라도 이들로부터 무엇을 받는 것을 기대하지는 말라. 이들은 상대가 무엇을 줄 경우 어떻게 보답할 것인지를 생각하기보다는 자신이 그것을 받을만한 자격이 있다고 생각하기 때문이다. 안타깝지만 내 각시도 그런 경우에 해당한다. 나는 협상을 배우기 전까지는 도무지 그 성격을 이해할 수 없었다. 이것이 협상을 배워야 할 이유다.

이런 유형을 상대할 때는 일단 그들의 말을 들어주는 게 상책이다. 그들은 충분한 얘기를 통해서 자신이 이해받았다고 확신하면 그제 서야 타인의 말을 들으려고 하기 때문이다. 반대로 이런 유형에 해당하는 사람이라면 질문을 통해 상대와 대화하는 방법에 익숙해져야 한다. 더불어 상대가 자신의 생각과 다르더라도 말투를 강하게 하지 않도록 주의해야 한다.

우리가 여러 협상스타일을 알아보았지만 이들 중에 어떤 유형이 특별히 협상에 유리하다고 단정할 수는 없다. 모든 유형들은 협상능력의 측면에서 각기 다른 장단점이 있기 때문이다. 이를 통해 우리가 새겨야 할 것은 정말 유능한 협상가가 되고자 한다면 자신에게는 부족한 다른 유형의 장점들을 보완하려는 노력을 해야 한다는 것이다. 물론 그렇다고 하더라도 자신의 장점을 잃지 않는 선에서 다른 유형의 장점을 추가하는 방식이 되어야 한다. 협상은 본인이 자신 있어하는 방식으로 해야 가장 효과적이기 때문이다.

모든 상황은 제각기 다르다

우리가 협상의 상대와 관련하여 파악해야 할 사항은 협상 스타일 외에도 무수히 많고, 각각의 상황은 모두 다르다.

흔히 하는 얘기로 화장실에 갔다 오기 전과 후의 태도가 다르듯이 동일한 사람일지라도 그가 처하고 있는 상황에 따라서는 협상을 진행하기에 좋을 수도 있고 좋지 않은 상황일 수도 있다. 상대는 하필 협상 당일 컨디션이 좋지 않을 수도 있고, 협상을 하기 전에 불행한 일을 당했을 수도 있다. 밀린 업무로 인해서 한창 시간에 쫓기고 있을 수도 있고, 식사 후의 포만감에 한가롭게 커피를 즐기고 있을 수도 있다. 유능한 협상가라면 상대가 현재 처하고 있는 모든 상황을 파악하고 거기에 맞춰서 유연하게 대응할 수 있어야 한다.

그 외에도 우리가 협상의 상대에 대해 파악해야 하는 정보는 직업이나 출신 지역, 국적 등 다양하다. 직업병이라는 것이 있듯이 일을 하면서 형성된 태도는 그 사람의 행동양식을 결정하는 데 중요한 요소다. 앞서 법률가의 특성을 얘기하기도 했지만 2년간의 사법연수원 교육을 함께 받은 우리 동기들의 경우도 판사나 검사 혹은 변호사로 잔뼈가 굵으면서 말과 행동방식이 많이 달라졌다. 태어나고 자란 곳 역시 도시인지 시골인지에 따라 혹은 육지인지 섬인지 등에 따라 그 사람의 성격형성에 많은 영향을 끼친다. 우리나라 역대 대통령의 출신지역이 대부분 도시가 아닌 농촌이나 섬이었다는 점은 출신지역이 그들의 야망에 강한 영향을 끼쳤다는 것을 시사한다. 외국인들을 상대로 일을 하는 경우에는 그 사람의 국적에 따른 업무처리 방식을 숙지하여야 한다. 미국인이나 독일인 등 업무지향 문화권의 사람들은 일의 효율성을 최고의 가치로 여긴다. 이들은 해외출장을 가더라도 출장업무를 마치고 곧바로 집에 돌아가야 한다고 생각한다. 그에 반해 중동이나 중남미, 동아시아 등 관계지향 문화권의 사람들은 일 못지않게 관계에도 큰 의미를 둔다. 이들과 거래를 할 경우에는 본격적인 협상 전에 저녁 만찬을 통한 대화와 교류의 과정을 거치는 것을 염두에 두어야 한다. 중국인과의 거래에서는 이른바 '콴시(關係)'를 이용하지 않으면 사업이 어렵다는 것을 모르는 사업가들은 없을 것이다.

한편, 우리가 상대를 파악할 때 주의 할 것 중의 하나는 상대가 가진 하나의 정보를 가지고 그 사람에 대해 섣불리 판단하는 일반화의 오류를 범하는 경우다. 예컨대, 상대가 중국인이라고 하더라도 '중국인들은 모두 다 그럴 거야'라는 관점을 가지고 상대를 바라보면 안 된다. 대개의 경우는 그럴 수 있을지는 몰라도 사람들 개개인의 성향이 모두 다르다는 것을 잊지 말아야 한다.

요구 뒤의 욕구를 주목하라

▼

성인이 초콜릿 가게에서 아르바이트를 할 때의 일이다. 손님 중에 매주 일주일에 두 번 정도 들르는 단골이 있었다. 그는 항상 같은 제품의 초콜릿만 구매하였다. 어느 날은 굉장히 화난 표정으로 가게에 들어오더니 곧바로 성인에게 "항상 먹던 초콜릿이 무엇인지 알고 있죠. 그거 어디 있죠?"라고 묻는다. 그런데 하필 그날따라 손님이 찾던 제품의 재고가 떨어지고 없었다. 성인은 어떻게 답변을 할지 망설였다. 우선, 성인은 손님의 질문에 직접 대답하기보다는 이야기의 주제를 바꾸기로 했다.

"표정이 안 좋아 보이시는데 오늘 무슨 일이 있으셨어요?"

손님은 직장에서 있었던 일을 얘기하면서 기분이 안 좋아 너무 우울하다면서 초콜릿으로 위로를 받고 싶다고 했다. 성인은 오늘 고생 많으셨다고 응원의 말을 건네면서 손님의 감정을 살피고는 자연스럽게 오늘 새로 들어온 초콜릿 제품을 소개해 드렸다.

"손님이 찾으시던 초콜릿보다 더 달콤하고 괜찮은 제품이 들어왔는데 새로운 걸 드셔보는 건 어떠세요?"

손님은 처음에는 망설이더니 결국은 그 제품을 구매하였다. 성인에게는

"오늘 하루가 너무 우울하고 무기력했는데 힘들었던 일을 얘기하면서 기분이 다 풀어진 것 같다. 세심한 배려에 고맙다"는 마음을 전했다.

성인은 알고 있었을지 모르겠지만 고객의 요구position와 욕구needs를 잘 구별하고 있다. 만약 성인이 고객의 표면적 요구사항인 평소 찾던 초콜릿 제품에만 주목하였다면 초콜릿을 팔지 못했을 것이고, 손님의 기분도 풀어지지 못했을 것이다. 유능한 협상가라면 상대의 요구와 욕구 중에 욕구에 초점을 맞출 수 있어야 한다.

협상관련 책에서도 많이 언급되는 사례 중에 비슷한 게 있다. 어떤 학생이 땀을 뻘뻘 흘리면서 가게에 들어와서는 콜라를 찾는다. 콜라는 이미 다 재고가 소지된 상태에서 가게 주인은 "콜라는 건강에 좋지 않다"며 다른 이온음료를 권한다. 콜라구매를 요청하는 학생의 표정에서 갈증해소를 원하는 학생의 욕구를 파악하여 매상을 올리는 가게 주인의 지혜가 포인트다.

욕구는 사람들이 본래 협상을 하는 이유이자 사람을 협상 테이블로 이끄는 동기, 내면에 있는 모종의 필요, 소망, 혹은 두려움 등을 가리킨다. 사람들은 마음속의 욕구를 충족시키기 위해 여러 방식으로 다양한 요구를 한다. 상대의 요구를 만족시켜 주기 어려울 때는 겉으로 드러난 요구사항 이면에 자리 잡고 있는 근원적인 욕구를 알아볼 수 있어야 한다. 협상에서 서로의 주장이 팽팽히 대립되어 교착상태에 빠지게 될 때는 잠시 물러서서 '상대가 왜 저런 요구를 할까? 그가 진정으로 바라는 것은 무엇일까?'를 생각해봐야 한다. 상대의 숨겨진 욕구를 찾는다면 다양한 방법으로 문제해결의 실마리를 찾아낼 수 있다.

우리 역사에서 가장 유능했던 협상가로 알려진 서희도 상대의 욕구를 파악하여 고려의 안위를 지킬 수 있었다. 서기 993년 고려 성종시기 거란의 소손녕이 80만 대군을 몰아 고려를 침략하였다. 소손녕은 청천강을 건너지 않고 머무르면서 고려조정에 사신을 보내 "80만의 군사를 몰고 왔다. 강변까지 나와서 항복하지 않으면 고려를 섬멸할 것이다."라고 협박을 하였다.

이에 고려조정은 거란에 항복하자는 투항론과 평양 이북의 땅을 내주고 타협하자는 할지론이 득세하였다. 이에 대해 서희는 "먼저, 거란이 왜 고려를 침략했는지 그 이유를 정확히 파악한 뒤에 대응해야 한다. 설령 항복하더라도 한번 싸워보고 결정하자"는 입장을 개진하였고, 성종은 서희를 협상대표로 내세웠다. 서희와 소손녕의 7일간의 협상에서 소손녕은 침략의 이유를 드러냈는데, 고려가 왜 가까운 거란과 교류하지 않고 멀리 송나라와 교류하는지를 문제 삼았다. 서희는 소손녕에게 여진족들이 함부로 고려의 국경에 들어와 있어 거란과 교류하기가 힘들다고 핑계를 댄다. 그런 과정을 거쳐 협상은 타결되었고, 고려는 여진족의 득세에 수복하지 못했던 강동 6주를 회복하는 성과를 올릴 수 있었다.

욕구의 종류

미국의 심리학자 에이브러햄 매슬로우Abraham H. Maslow는 5단계 인간욕구위계이론을 통해 사람의 욕구를 5단계(자세히는 8단계로 분류)로 분류하고 사람은 하위 단계에서 상위 단계로 점점 높은 수준의 욕구를 추구한다고 설명한다. 이에 따르면, 1단계(생리적 욕구)는 먹고 자고 생활하는 생명유지와 관련된 욕구, 2단계(안전욕구)는 외부의 물리적·심리적 위협으로부터 벗어나고자 하는 안정 욕구, 3단계(사회적 욕구)는 다른 사람들과 친밀한 관계를 맺고 사회 구성원으로서 소속감을 느끼고자 하는 애착 욕구, 4단계(인정욕구)는 내가 속한 조직이나 단체에서 능력을 인정받고 명예를 얻고자 하는 성취 욕구, 5단계(지적 욕구)는 배움의 욕구, 6단계(심미적 욕구)는 예술 창작의 욕구, 7단계(자아실현 욕구)는 재능과 잠재력을 마음껏 발휘하고자 하는 욕구, 8단계(자기초월 욕구)는 자신을 초월하여 다른 것을 만들어내는 이타적 욕구를 말한다. 이 중 5~8단계는 자아실현욕구로 통칭되기도 한다.

이들 욕구 중에 유능한 협상가들이 가장 많이 활용하는 것은 인정욕구다. 조직에서 그리고 다른 사람들로부터 인정받고 싶은 욕구야말로 협상가들이 활용하기에 가장 유용한 도구이기 때문이다.

인정욕구의 중요성을 갈파한 현자들은 많다. 미국의 가장 뛰어난 철학자 중 한 사람인 존 듀이John Dewey는 "인간 본성의 가장 깊은 충동은 '중요한 사람이 되고 싶은 욕망'이다."라고 했다. 데일카네기Dale Carnegie는 그의 불멸의 저서 『인간관계론』에서 다음과 같은 내용으로 자세히 풀어 썼다.

"인간성에서 가장 심오한 원칙은 다른 사람으로부터 인정받고자 하는 갈망이다. … 이것이야말로 인간의 마음을 흔들어 놓는 타는 갈증이다. 이러한 타인의 갈증을 제대로 충족시켜 줄 수 있는 사람은 극히 드물지만, 그 사람이야말로 다른 사람을 마음대로 움직일 수 있다."

우리가 흔히 하는 얘기 중에 "남자는 자기를 알아주는 사람을 위해서 목숨을 바치고, 여자는 자기를 사랑해 주는 남자를 위해서 목숨을 바친다."는 말이 있다. 그만큼 인정욕구는 남녀를 불문하고 모두에게 중요하다. 인정욕구가 충족되지 않은 사람들 중에는 자존감이 낮은 경우가 많다. 그들은 열등감, 나약함, 무력감과 같은 부정적인 감정에 시달린다.

협상가들에게 있어서 인정욕구가 특히 중요한 이유는 사람의 여러 욕구들 중에 이 욕구만이 유일하게 상대와 관련된 것이기 때문이다. 다른 욕구들의 경우 개인의 노력으로 얼마든지 충족이 가능하지만 인정욕구는 상대가 채워주지 않는 이상 해소될 수 없다. 그만큼 희소성이 있다 보니 사람들은 다른 사람들의 인정에 목말라하는 것이다.

한편, 개인의 입장에서 보면 인정받고 싶은 욕구는 양날의 칼이다. 적당한 인정욕구는 자신의 재능을 키우기 위한 자극으로 활용될 수 있지만 그것이 지나치면 자신의 삶을 타인의 반응에 의존하게 되면서 자존감을 약화시킬 수 있다.[17] 자신이 가진 능력 이상의 성취와 인정만을 추구하다가 피폐한 삶을 살 수도 있다.

상대의 욕구를 파악하는 5가지 방법[18]

① 나보다 상대가 더 많이 이야기하게 하기

상대의 욕구를 알아내기 위해서는 상대를 존중하는 마음으로 상대에게 더 많은 이야기를 할 수 있는 기회를 주어야 한다. 그런 가운데 상대의 욕구가 자연스럽게 드러나게 해야 한다.

② 열린 질문을 하기

상대와 대화할 때는 상대의 말에 대해 다른 생각을 가지고 있더라도 곧바로 반박하고 싶은 충동을 억제해야 한다. 그런 가운데 상대가 어떤 이유로 그런 말을 했는지, 어떻게 그런 생각을 가지게 되었는지 다양한 질문을 함으로써 상대의 내면적 욕구가 드러날 수 있는 분위기를 만들어 주어야 한다.

③ 상대의 입장에서 생각해 보기

역지사지(易地思之). 상대의 욕구를 파악하는 가장 쉬운 방법은 상대의 입장이 되어 생각해 보는 것이다. 우리가 상대의 머릿속으로 들어갈 수 있으면 상대의 욕구를 이해하기는 어렵지 않을 것이다. 서로 다른 의견을 가진 사람들을 조정할 때 본격적인 조정에 앞서서 양측에 상대의 입장에서 토론해볼 기회를 부여하는 것도 좋은 방법이다. 서로 역할을 정하여 상대의 입장에서 역할극을 해보는 것도 좋다.

④ 나의 욕구를 먼저 솔직하게 드러내기

사람들은 상대에게 적의가 없다는 것을 보여주기 위해서 악수를 청하고 그것을 거부하는 사람은 거의 없을 것이다. 협상에서도 "저희가 이번 협상을 통해 바라는 점은 귀사와 좋은 관계를 맺고 안정적인 계약기간을 확보하는 것입니다."라고 솔직하게 이야기 한다면, 상대 역시 마음을 열고 본인들의 욕구를 밝힐 가능성이 많을 것이다.

⑤ 제3자를 활용하기

상대로부터 직접 그의 욕구를 파악하기 어려운 경우에는 그를 알고 있는 지인 등을 활용하여 물어보는 것도 좋다.

이해관계인을 활용하라

▼

고은은 대학에 입학한 후 1학년을 기숙사에서 보냈는데 예민한 성격 때문에 룸메이트와의 관계에서 큰 스트레스를 겪었다. 2학년부터는 자취를 하고 싶은 마음에 엄마에게 간청해보기로 했다.

"기숙사에서 다른 사람과 함께 공간을 공유하면서 생활하는 것이 큰 스트레스여서 자취를 하고 싶다."

그러나 완고한 엄마는 딸의 안전과 추가적인 지출을 부담스러워하면서 자취는 안 된다고 단호히 거절을 한다. 고은은 어떻게 엄마의 마음을 돌려놓을지 고민하다가 자신에게 우호적인 얘기를 해줄 수 있는 친언니와 이모가 집에서 함께 대화를 나눌 수 있는 날을 기회로 잡았다. 여럿이 함께 얘기를 나눌 때 고은은 기숙사 생활의 어려움을 토로하면서 자취를 하고 싶다는 얘기를 꺼냈고, 이에 대해 언니와 이모의 생각이 어떤지 자연스럽게 물어보았다. 언니와 이모는 고은의 기숙사 생활에서 오는 불편함에 대해 크게 공감해 주면서 엄마에게 "고은의 성격이 세심하고 야무지기 때문에 자취를 해도 크게 걱정할 필요가 없을 거다."라고 얘기해 주었다. 엄마는 그 얘기에 어느 정도 걱정을 더는 표정을 지어 보였다. 이모가 돌아간 후, 고은은 엄마에게 한 달간 사용할 용돈의 구체적인 사용계획을 말씀드리고 자취방도 학교 주변의 큰 도로가에 있는 안전한 곳으로 알아보겠다고 말씀을 드리면서 자취를 허락해 주면 좋겠다고 다시 한번 간청했다. 결국 엄마는 고은의 제안에 동의를 했고, 함께 자취방을 알아봐 주었다.

실제 협상을 지켜보면 직접 협상에 참여하는 사람들 외에 그들에게 영향을 끼치는 제3자가 존재한다. 막후에 있는 그들은 협상에 참여하지는 않지만 계약이 마음에 들면 실행을 도울 수도 있고, 마음에 들지 않으면 방해할 수도 있다. 이렇듯 협상의 결과를 좌지우지할 수 있는 막후의 이해관계인은 직접적인 협상의 당사자보다 더 중요한 경우가 많다.

협상을 성공시키고 또 그 이후에 협상의 결과를 잘 이행하기 위해서라도 협상에 영향을 끼치는 이해관계자를 빨리 찾아서 그에 대한 주의를 기울여야 한다. 그들을 놔두고 당장 눈앞에 앉아 있는 사람의 이해관계만을 고려하는 행동은 나중에 문제를 유발한다. 사람들이 회사의 서비스부서나 공공기관의 민원부서에서 담당자들과 얘기를 하다가 막히면 "야, 책임자 나와 보라 그래."라고 목소리를 높이는 이유도 여기에 있다. 이 책의 서두에서 얘기했던 와튼 스쿨의 학생사례를 돌이켜보면 규정을 따를 수밖에 없는 직원들과 얘기하면서 시간을 낭비하기보다는 비행기 탑승에 대한 결정권자인 기장과 직접 소통하는 방식을 시도했던 것처럼 막후의 이해관계자를 통한 협상이 문제해결의 지름길이 되기도 한다.

이해관계자를 활용하는 방식은 거대한 스포츠 행사에도 동원된다. 미국 프로풋볼리그[NFL] 올스타전이 개최된 배경에도 그런 방식이 동원된 것으로 알려져 있다. NFL 사무국에서는 리그 종료 후 이벤트성 행사로 올스타전을 개최하려고 하는 데 매년 행사준비에 난항을 겪었다. 올스타전이 성공하려면 리그의 스타선수들이 많이 참여해주어야 하는데 행사참여에 소극적인 그들을 설득하는 게 쉬운 문제가 아니었다. 그들은 리그경기를 치르면서 피로가 누적되어 있는 상태에서 성적과 무관한 경기에 부상의 위험을 무릅쓰고 참여하는 것을 내켜하지 않았다. 그런데 언젠가부터 거의 모든 스타선수들이 올스타전에 참여하게 되었다. 이 행사를 준비한 담당자가 사용한 방식은 무엇이었을까?

스타선수들을 경기에 참여시키기 위해서 처음 동원된 논리는 돈이었다. “많은 출전수당을 챙겨주겠다.”거나 “만일 경기하다가 부상을 당하면, 평생 받을 연봉에 육박하는 보험금을 받도록 해주겠다.”는 등의 얘기였다. 그러나 이미 많은 연봉을 받고 있는 스타선수들을 돈으로 설득하는 것은 한계가 있었다. 그에 반해 스타선수들이 마음을 돌려 경기에 참여하게 된 이유는 가족이었다.

NFL사무국은 선수들이 가족들과 함께 휴가를 보낼 수 있도록 관광지인 하와이에서 올스타전을 개최하였다. 선수의 가족과 연인을 위해서는 비행기 일등석 좌석과 최고급 호텔 스위트룸 숙박권 및 여행 정보 등을 담아 초청장을 보냈다. 리그중에는 함께 보낼 시간이 적을 수밖에 없는 선수와 가족들에게는 환상적인 이벤트였으므로 행사는 성공적으로 진행될 수 있었다.

협상에 영향을 끼치는 이해관계인에는 다양한 유형이 있다. 협상테이블에 나오지는 않지만 별도로 최종적인 의사결정을 하는 사람이 있을 수 있고, 형식적으로는 최종 의사결정권자가 존재해도 그 밑의 실무자들이 실질적인 의사결정을 좌우하는 경우도 있다. 당사자에 따라서는 협상에 도움이 되는 우호적인 이해관계인이 있기도 하고, 협상에 방해가 되는 적대적인 이해관계인이 있을 수도 있다. 협상의 상대가 기업이라면 여론이나 소비자단체, 언론, 정부 또는 공정거래위원회 등을 통해 영향을 끼칠 수 있다. 남북 간에 협상이 잘 안 되는 이유 중의 하나는 우리 주변에 미국과 중국, 그리고 일본과 러시아 등 너무 많은 이해당사자들이 얽혀있기 때문이다. 그런 측면에서 보면 가장 힘든 협상 상대 중의 하나가 가족과 배우자라는 게 이해가 되기도 한다. 그들에게는 모든 정보가 노출되어 있고, 오랜 경험과 감정이 현재의 협상에도 영향을 끼칠 수밖에 없기 때문이다. 가족 간에는 여러 이해관계인이 얽혀 있기도 하고, 협상결렬에 따른 마땅한 대안이 있을 수도 없기 때문에 정상적인 협상이 여간 어려운 게 아니다.

김박사는 기업체나 공공기관 등에서 강의를 해서 얻는 수입으로 생활한다.[19] 기업체로부터 직접 강의를 의뢰받기도 하지만, 보통은 중간에 에이전시 업체를 통해 강의가 들어온다. 한번은 에이전시 업체를 통해 대기업인 S사 직원들에게 리더십 관련 강의를 해주고 강의료를 받기로 계약하였다. 그런데 강의를 해주고 강의료를 받기로 한 날이 지났는데도 에이전시 업체에서는 돈을 입금해주지 않는다. 2주, 한 달 두 달이 지나도록 강의료를 주지 않았는데, 이 문제로 연락을 하면 그때마다 이런저런 핑계를 댔고 나중에는 잘 연락을 받지도 않았다.

이런 경우는 기업의 거래관계에서 전형적인 갑질에 해당한다. 김박사는 못

받은 강의료를 받아내기 위해서 지급명령이나 민사소송을 제기하는 방법 혹은 사기죄로 형사고소를 할 수도 있다. 문제는 법적인 수단으로 대응하기에는 변호사 수임료나 소송비용을 고려하면 큰 금액이 아니고, 실제로 그 돈을 받아내기까지는 상당한 시일이 소요된다는 것이다. 김박사는 다른 방법을 시도해 보기로 했고, 에이전시 업체 대표에게 다음과 같은 요지의 이메일을 보낸다.

"아마도 귀사가 S사로부터 돈을 받지 못해서 제게 강의료를 못 주는 것 같다. 제가 직접 S사 감사팀에 민원을 제기하여 귀사가 받지 못한 돈을 지급하도록 하겠다. S사 직원들이 귀사에 갑질을 한 것 같은데, 대기업이 직원들에게 윤리교육을 제대로 하고 있는지 정식으로 문제를 제기하겠다."

그 결과, 강의료 미지급 때문에 김박사를 피하고 있던 에이전시업체 대표는 이메일을 받은 지 30분도 안 되어 그동안 오해가 있었다면서 김박사의 계좌로 강의료를 송금해 주었다. 에이전시업체 대표와 같이 전형적으로 강자에게는 약하고, 약자에게는 강한 사람에 대해서는 배후에 있는 더 강한 상대를 이용하는 방법이 효과적이다.

제5장

상대의 마음을 훔쳐라

"때로 우리는 어떤 저항감 없이, 심각한 감정의 동요 없이 생각을 바꾸기도 한다. 하지만 누군가 우리가 틀렸다고 지적하면 우리는 그러한 비난에 분개하고, 우리의 마음은 완고하게 굳어 버린다. 우리의 믿음은 별 생각 없이 만들어진다. 하지만 누군가 그러한 믿음을 빼앗아 가겠다고 하면 우리는 그 믿음에 대한 과도한 열정으로 가득 찬다. 우리가 소중히 여기는 어떤 이념들이 아니라 우리의 자존심이 위협받는 상황으로 여기는 것이다."

– 제임스 하비 로빈슨(James Harvey Robinsion), 『정신의 형성』

상대의 감정이 중요하다

▼

하영은 새로 이사 온 다음 날, 이른 아침부터 쿵쿵 거리는 소리에 잠을 깰 수밖에 없었다. 이후로도 둔탁한 물건이 떨어지는 소리 혹은 발뒤꿈치 소리들이 계속 들렸고, 밤에도 늦게까지 소음이 들렸다. 하영은 며칠간이나 소음이 계속되자 참을 수 없어 관리사무소에 연락을 취했다. 그 후 엘리베이터에 층간소음 안내문이 붙고 위층에도 연락이 갔는지 한동안 소음이 줄어드는 듯했다. 하지만 며칠이 지나자 다시 소음이 재개되었고, 하영은 어찌해야 할지 고민이 들었다. 윗집에 메모를 남길지, 관리사무소에 신고를 할지, 아니면 똑

같이 복수를 해야 할지 고민하던 중 이웃으로부터 종전의 세입자도 층간소음으로 다투다가 이사를 갔다는 얘기를 듣게 되었다. 하영은 다른 방법을 강구해야 근본적인 해결책이 될 수 있다고 느꼈다. 하영 네는 이 집에 오랫동안 살 계획이었으므로 이웃과 좋은 관계를 맺기를 원했다.

하영은 롤케이크와 아이들에게 줄 마카롱을 들고 윗집을 찾아가서 준비한 선물을 주고 부탁을 드렸다. 아이들의 엄마는 연신 미안하다고 하면서 아이들이 초등학생이라 제어하기 힘들지만 주의를 주겠다고 약속을 하였다. 하영은 아이들을 키우는 것이 힘든 일임을 공감해주면서 조금만 더 신경을 써주면 고맙겠다고 하였다. 그 후 윗집은 두꺼운 매트를 깔고 슬리퍼를 신고 생활한다는 얘기가 들렸고, 실제로도 소음은 거의 발생하지 않았다. 하영은 오랫동안 보게 될 이웃과 좋은 사이로 지내는 것이 복수나 경고보다 더 큰 가치라고 생각했다. 만약 하영이 경고나 복수를 택했더라면 층간소음은 계속됐을 것이고, 그 집과는 얼굴을 붉히며 지내는 사이가 되었을 것이다.

층간소음 문제는 당사자 모두에게 굉장히 예민한 문제이다. 하영은 상대의 마음을 공감해 주고 아이들을 위한 선물을 주는 등 선의를 베푸는 방식으로 해결할 수 있었다(상호성의 원리). 실제 경험으로도 가족이나 가까운 사람의 소음은 거의 소음으로 들리지 않는다는 점에서 보면 층간소음 문제는 인간적인 소통을 통해서 감정적인 대립으로 이어지지 않도록 관리하는 게 최선의 해결책이다.

인간관계에서도 그렇고 실제의 협상에서도 상대와의 관계나 감정에 집중하는 것이 문제해결에 도움이 된다. 사람들은 어떤 결정을 내릴 때 나름대로 이성이나 합리성에 근거해서 결정을 내린다고 생각하지만 실제로는 감정적인 이유로 결정을 내리는 경우가 훨씬 많다. 다만, 결정을 내린 후에는 그에 맞춰서 논리적인 근거를 찾아낼 뿐이다.

하버드대 학생들을 대상으로 한 연구결과[20]는 사람들의 의사결정과정에서 감정이 얼마나 중요한지를 보여준다. 실험자는 학생들에게 두 회사를 제시하는데 A회사는 지원자 본인의 연봉이 5,000만 원인데 동료들은 2,500만 원, B회사는 지원자 본인의 연봉이 1억 원인데 동료들은 2억 원을 받는 경우다. 실험 참가자들에게 어느 회사에 지원할 것인지를 물었을 때 56%의 학생은 상대적으로 적은 연봉의 A회사를 선택한다. 이 실험결과에서도 알 수 있듯이 사람들은 객관적인 연봉액 이상으로 질투심이나 우월감, 인정욕구 등 감정적인 가치에 더 많은 영향을 받는다. 인간은 결코 감정으로부터 자유로울 수 없는 동물이기 때문이다.

인간적으로 소통하라

"百戰百勝, 非善之善者也, 不戰而屈人之兵, 善之善者也"

손자는 싸워서 백전백승하는 것이 가장 좋은 것이 아니라 안 싸우고 굴복시켜야 제일이라고 했다. 상대의 마음을 얻어서 결과를 취하는 것이 최선의 해결책이라 할 수 있다.

협상은 상대의 마음을 얻어야 성공할 수 있고, 상대의 마음을 얻기 위해서는 상대와의 관계가 중요하다. 그와 인간적인 소통이 잘 이루어진 이후의 협상과정은 순탄하게 진행될 수 있다. 의외의 결과가 나오는 협상의 내면을 들여다보면 당사자 사이의 인간적인 관계가 영향을 끼치는 경우를 종종 볼 수 있다. 유능한 협상가들이 본격적인 협상에 들어가기 전에 음식이나 가족 등 친근한 주제로 대화를 시작하는 데는 다 그만한 이유가 있다.

우리가 협상을 잘하고 싶다면 먼저 인간적인 관계를 맺는 것에 집중해보자. 평소 자주 이용하는 가게가 있다면 스스로 단골이 되어보자. 그곳의 직원들과 개인적인 대화를 시도해 보고 다른 고객들을 더 소개해주겠다고 하면서 명함을 달라고 해보자. 그러면 뭐라도 좋은 일이 생기지 않겠는가? 처음 거래하는 상대와 계약을 하면서 계약조건에 담당자와 정기적인 식사약속을 정해둔다면 장기적인 관계를 맺을 수 있다. 예비변호사인 제자들에게는 다음과 같은 얘기를 해준다.

"상대가 변호사 없이 직접 소송을 하는 사람이라면 비록 소송의 상대방으로 만났더라도 법정에서 먼저 인사하고 대화를 시도해 보라. 상대방의 하소연도 들어주면서 인간적인 관계를 맺어두고 소송과 무관하게 도움을 줄 것이 있으면 도와주라. 비록 소송의 상대로 만났어도 인간적인 관계를 맺고 신뢰를 얻을 수 있으면 해당 사건을 진행하는 과정에서 그로부터 도움을 받을 수도 있고, 다른 소송의 수임 등으로 연결될 수도 있을 것이다. 다만, 우리 의뢰인의 오해는 사지 않도록 주의해라."

상대의 감정을 관리하라

상대와의 관계에서 감정이 중요한 이상 성공적인 협상을 위해서는 상대의 감정을 우호적으로 관리할 필요가 있다. 세 가지 단계로 이해할 필요가 있다. 먼저, 상대가 부정적인 감정에 휩쓸리지 않도록 예방적 조치가 필요하다. 다음으로, 중립적인 감정을 넘어 상대가 내게 우호적인 감정을 가질 수 있도록 적극적인 조치가 필요하다. 마지막으로, 어떤 이유로든 이미 부정적인 감정에 빠져있는 상대에게는 그것을 제거해 주는 조치가 필요하다. 항목을 나누어서 살펴보자.

부정적 감정을 억제하는 3가지 방법

▼

1. 비난은 가장 쓸모없다

법원에서 재판을 하는 데 재판장이 관련 법률을 착각해서인지 공소시효에 대해 잘못 얘기하고 있다. 이때 변호사가 "재판장님, 이번 사건에는 공소시효가 적용되지 않는데요."라고 공개적으로 반론한다. 그 변호사는 똑똑하고 능력 있는 변호사일까? 혹은 변호사 얘기가 옳으니 재판장이 그 변호사에게 유리한 판결을 해줄까? 결코 그렇지 않다. 변호사의 지적이 옳을지언정 그는 유능한 변호사도 아니고 지혜로운 변호사도 못된다. 그가 한 행위는 공개적으로 재판장에게 망신을 준 것이나 다름없고, 재판장의 명성과 자존심에 상처를 준 것에 불과하다. 재판의 결과가 그에게 불리하게 나지 않으면 그나마 다행이다.

임차인이 집주인과 임대료를 정하는 협상을 하는 데 집주인이 제시한 임대료가 너무 비싸다. 이 경우에 임차인이 집주인에게 "임대료가 너무 비싸니 조금 낮춰 달라."라고 제안하면 집주인이 임대료를 낮춰주고 싶은 마음이 들까? 전혀 그렇지 않다. 이 경우 집주인은 집의 가치나 주변의 임대시세 등을 근거로 들면서 임대료가 전혀 비싸지 않고 정당한 시세라고 반박할 가능성이 크다. 이런 경우에는 다음과 같이 제안하는 게 훨씬 효과적이다.

"집의 인테리어나 주변 환경이 정말 마음에 드네요. 집주인께서 집을 무척이나 잘 관리하는가 봅니다. 어떻게든 이 집에 살고 싶은데 예산이 좀 부족하네요. 제가 어떻게 하면 좋을까요?"

상대와 협상을 하는 과정에서 상대가 나와 다른 의견을 주장하더라도 상대를 함부로 비난하면 안 된다. 절대로! 절대로! 이에 대해 데일 카네기는 그의 명저『인간관계론』첫 번째 장에서 다음과 같이 강조하였다.

"비난은 아무런 쓸모가 없다. 사람들을 방어적으로 만들고, 스스로를 정당화하도록 만들기 때문이다. 비난은 위험하다. 사람들이 소중히 여기는 자부심에 상처를 입히고, 자존감을 훼손하며, 적개심을 불러일으키기 때문이다."

비난을 하지 않으면 적어도 중간은 간다. 잃는 것은 없다. 그럼에도 사람이 살아가면서 상대를 바꾸고 싶고, 개선시키고 싶고, 지적하고 싶은 순간이 왜 없을까? 정말 완벽한 인간이 아닌 이상 그냥 넘어가기 어려운 순간이 있다. 그때는 타격을 최소화시키는 방법을 사용하면 된다.

① 간접적인 방법으로 비판하기

예컨대, "일반적인 기준에 의하면 이렇게 행동하는 게 공정한 것으로 생각되는데 어떤가요?"

② 비판 전에 먼저 기름칠을 해두기

상대에 대해 비판하기 전에 먼저 상대를 인정하고 칭찬해 줌으로써 감정의 보호막을 쳐준다.

2. 논쟁하지 마라

미국의 국방장관 스탠튼Edwin M. Stanton으로부터 세상에서 가장 완벽하게 인간을 다스렸던 사람으로 평가받았던 링컨Abraham Lincoln)은 "자신의 능력을 최대한 발휘하기로 결심한 사람이라면 개인적 논쟁에 시간을 허비하지 마라. 당신과 상대가 거의 비슷하게 옳다면 아무리 큰 건이라도 양보하라. 당신이 분명히 옳더라도 사소한 것이면 그냥 양보하라."라고 하였다.

우리가 협상을 하는 이유는 상대로부터 무언가를 얻기 위함이다. 그런데 협상과정에서 상대와 논쟁을 해서 얻을 수 있는 것은 아무것도 없다. 우리가 논쟁을 통해 내 제안이 옳다는 것을 인정받는다 한들 상대가 그것을 수용하는 것은 별개의 문제이다. 논쟁에서 이기더라도 상대방의 호의를 얻지 못한다면 이겼다고 할 수 없는 것이다. 자신의 의지에 반하여 설득당한 사람은 결코 자신의 생각을 바꾸지 않는 법이다. 상대는 그 경우 열등감을 느끼고 자존심에 상처를 입을 가능성이 크다. 논쟁에서 이기는 방법은 세상에 단 하나밖에 없다. 바로 논쟁을 피하는 것이다.

논쟁의 상황을 피하고 싶으면 상대에 대해 비난이나 비판을 해서는 안 된다. 섣불리 상대를 평가해서도 안 된다. 반대로 스스로 자신에 대해서 과도하게 긍정적인 평가를 하는 것도 논쟁을 불러올 수 있다. 상대에게 내 제안이 공정하거나 합리적인 제안이라고 함부로 말하지 마라. 내가 한 말에 이의를 제기하는 게 옳지 않다고 재단해서도 안 된다. 그에 대해 상대는 "그러면 내 생각이 틀렸다는 건가?"라고 반발할 것이다.

그럼에도 불가피하게 논쟁에 휘말리는 경우에는 어떻게 해야 할까?

첫째, 상대에게 논쟁의 승리를 양보하면 된다. 프랑스의 철학자 프랑수아 드 라 로슈푸코Francois de La Rochefoucauld는 "적을 원한다면 친구들보다 뛰어난 사람이 돼라. 친구를 원한다면 친구들이 너보다 뛰어난 사람이 되도록 하라."라고 하였다. 혹시라도 고객이나 연인, 남편, 친구들과 불가피하게 논쟁을 하게 될 상황에 처하더라도 반드시 그들에게 논쟁에서 이길 수 있는 영광을 양보해 주도록 하자. 길 가는 나그네의 옷을 벗길 수 있는 방법은 매서운 바람이 아니라 따뜻한 햇볕이다.

둘째, 내 주장을 하더라도 제3자의 얘기로 포장한다. 예컨대, "일반적으로 이런 주장도 있던데, 그에 대해서는 어떻게 생각하세요?"와 같이 자신을 논쟁의 당사자에서 빼내면서도 상대의 생각을 떠보는 방식이다.

셋째, 내 주장을 하거나 상대의 주장과 다른 표현을 하는 경우에 '확실히' 혹은 '의심의 여지가 없이' 등의 확신에 찬 표현을 자제한다. 내 얘기를 할 때는 '내 생각에는', '내가 이해하기로는'과 같은 표현을 쓰고, 상대의 주장을 평가할 때는 '상황에 따라서는 혹은 어떤 때에는… 당신의 말이 맞을 수도 있지만…' 등과 같은 유연한 표현으로 상대를 자극하지 않는다. 영국 시인 알렉산더 포프Alexander Pope는 "인간들은 가르치지 않는 척 가르쳐야 한다. 그가 모르고 있는 것들은 그가 잊은 것이라고 하라."라고 했다.

3. 위협하지 마라

어느 건설회사가 호수 근처에 오피스텔을 지으려 하는데 문제가 생겼다. 공사 예정부지 인근에 거주하는 60세가 넘는 민원인이 조망권을 주장하면서 시청에 계속해서 민원을 제기하고 있어서다. 시청 담당자는 민원을 해결하지 않으면 건축 인허가를 내주지 않겠다고 한다. 처음 이 민원인을 담당한 직원은 회사의 젊은 대리사원이었다. 그가 법상 조망권이 잘 인정되지 않는다고 설명도 하고 회유도 해보았지만 민원인은 꿈적도 하지 않는다. 직원은 민원인에 대한 설득이 먹히지 않자 "계속해서 민원을 제기하면 회사도 법적조치를 취할 수도 있다."라고 압박을 했다. 그럼에도 민원인은 "고소를 할 테면 하라."라고 더 강경하게 나온다.

회사에서는 민원문제가 해결되지 않고 공사가 지연되자 이번에는 이 방면에 경험이 많은 노련한 직원으로 담당자를 교체한다. 그 직원은 민원인의 집을 방문하여 곧바로 어르신에게 큰 절로 인사를 하고, 젊은 직원이 협박을 한 것에 대해서도 대신 사과를 한다. "어르신 집의 조망이 너무 멋지다. 조망권을 주장하실만하다."며 공감을 해주기도 한다. 다만, 회사의 입장에서 공사하는 데 어려움이 크다는 사정도 호소하면서 법상 일조권은 잘 인정되지만 조망권은 잘 인정되지 않는다는 설명도 덧붙인다. 취직을 준비하고 있는 아들의 일자리를 회사에서 알아봐 주면 어떨지 여쭤보고, 골프를 즐기는 어르신을 위해서는 회사가 가지고 있는 골프장 회원권을 빌려주겠다고 한다. 마음이 풀어진 어르신은 결국 민원을 취하하기로 한다.

위협이나 협박은 사람들이 상대를 변화시키기 위해서 혹은 상대로 하여금 제안을 받아들이도록 하기 위해서 많이 쓰는 방식이다. 자신이 상대보다 더 우위에 있다고 생각하면 깊이 고민할 것도 없이 손쉽게 채택하는 방법이기도 하다. 그런데 이 방법은 다른 어떤 협상의 도구보다 효과가 약하다. 왜냐하면 사람은 위협을 당하는 순간부터 감정적으로 변하고 위협한 상대를 적대적으로 대응하기 때문이다. 도저히 위협에서 벗어날 방도가 없는 특별한 경우를 제외하고는 위협이나 협박에는 아예 신경을 쓰지 않게 된다. 위협이 효과적이지 않은 이유는 다음 두 가지 측면에서 상대의 감정을 건드리기 때문이다.

첫째, 위협의 전제는 상대에게 명령을 내리는 것인데 사람 중에 명령을 좋아하는 사람은 아무도 없다. 이에 대해서는 미국의 심리학자 잭 브렘Jack Brehm이 심리적 반발이론으로 설명하였는데, 이에 의하면 상대에게 어떤 특정한 의견을 강요할 경우에 상대는 반대의견을 가질 자유를 위협받는 것으로 받아들이고 심리적인 반발을 통해 반대의 입장을 강화시킨다.

둘째, 위협 자체는 폭력적인 방식이라는 점이 널리 인식되고 있어서 상대를 불쾌하게 만든다.

위협이나 명령을 하지 않고 상대를 변화시키려면 어떤 방법을 써야 할까? 이 경우는 상대에게 제안을 하고 질문을 하면 된다. 예컨대, "귀사가 가격을 할인해주지 않으면 다른 업체와 거래를 하겠다."라고 말하는 대신에 "귀사와 거래를 하고 싶은데, 더 좋은 가격을 제안한 곳이 있습니다. 정말로 거래처를 바꾸고 싶지 않아요. 저희가 어떻게 하면 좋을까요?"라고 말하는 거다. 상대에게 도움을 청하면서 선택의 주도권을 넘겨줄 경우 상대는 감정적으로 변하지도 않고 내 제안을 수용할 가능성도 높아진다.

호감을 형성하는 3가지 방법

▼

1. 공감해주기

친구들과 오랫동안 동업을 하던 여성이 동업관계를 청산하고 자기의 지분을 다른 동업자들에게 넘기면서 그 지분에 대한 대가를 정산 받으려 한다. 그녀는 친구들에게 적극적으로 제안하는 성격이 아니었다. 오랜 친구들에게 돈 얘기를 꺼내면 욕심을 부리는 것으로 비춰질까봐 변호사인 남편에게 도움을 청했다.

남편의 일처리는 빈틈이 없었다. 외부의 감정평가사로부터 아내 지분에 대한 적정 평가액에 대해 조언을 받은 후, 동업자들에게 해당 금액을 아내에게 반드시 그리고 신속히 지불해야 하는 이유와 근거들을 조목조목 적은 이메일을 보냈다. 글 자체는 어려운 법률용어로 포장된 세련된 법률가들의 문장이었다. 동업자들은 남편이 산정한 금액에는 동의했지만 아내가 그들로부터 돈을 받는 데는 상당한 시간을 기다려야 했다. 뿐만 아니라 아내와 동업자들과의 관계는 이미 멀어져 버린 후였다.

공감이란 심리적으로 상대의 입장이 되어 느껴보는 것으로 감정이입의 상태를 의미한다. 타인의 표정이나 말투 그리고 다양한 신호를 통해서 그 사람의 정서와 생각을 읽고 그에 상응하는 말과 행동을 잘하는 사람을 우리는 공감능력이 있다고 한다.

형사재판을 진행하는 변호사들에게 공감능력은 꼭 필요한 자질이다. 변호사 스스로 피고인이 되어 그가 왜 범죄를 저지를 수밖에 없었는지, 그의 정서와 환경이 범죄 발생에 어떠한 영향을 끼쳤는지 등을 알아보고 그것들을 변론에 반영하는 일이 그들의 일이기 때문이다.

변호사들이 하는 실수 중의 하나는 의뢰인의 일을 대신해 주면서 주장과 논리, 근거가 가득한 글을 쓰는 데만 집중하다가 일을 더욱 꼬이게 하는 경우다. 상대의 감정은 고려하지 않은 채 상대가 거부감을 느낄 수 있는 내용을 아무렇지 않게 쓰다가 실수를 하는 것이다. 위 사례의 변호사 역시 동업자들이 아내와 오랫동안 친구사이였던 점을 고려하지 않은 글을 썼다가 아내와 친구들 사이를 갈라놓아 버렸다. 상대와의 협상이 필요한 사안의 경우 공감능력은 의뢰인(아내)뿐만 아니라 상대에게도 발휘되어야 한다.

협상은 사람 사이의 감정의 교류로 이루어진다. 협상을 성공적으로 이끌고자 한다면 내 쪽에서 먼저 상대의 감정을 이해하려는 자세를 보여주어야 한다. 그래야만 상대도 나의 제안에 호응하고 싶은 마음이 든다. "웃는 얼굴에 침 못 뱉는다."는 말처럼 어느 한쪽이 만면에 미소를 짓고 명랑한 모습으로 대응하면 상대 역시 밝은 표정으로 대응한다.

A사와 B사는 지역의 건설업체다. 두 회사는 공동으로 공사를 수주하여 완공하였으나 공사대금을 분배하는 문제로 다투다가 소송을 하게 되었다. A사는 'B사가 공사를 지연하고 제대로 공사를 진행하지 않았다. 자신들이 공사의 80%를 담당했으니 공사대금 총 20억 원 중 16억 원을 가져야 한다.'고 주장한다. 그에 반해 B사는 '자신들이 공사를 지연시킨 부분은 있지만 공사를 성공적으로 마치고 공사대금도 수령했으므로 본래 계약대로 반절씩 나누어야 한다.'고 주장한다. 재판장은 재판 진행 도중에 사건을 조정에 회부하여 A사 14억 원, B사 6억 원으로 하는 조정안을 제시한다. 그러나 두 회사는 조정안을 거부했다. A사는 B사의 업무진행 행태에 불만이 쌓여있었고 업계에서 B사를 퇴출시키고 싶어 했다. B사는 조정결과로 자신의 잘못이 공식적으로 인정되는 것을 피하고 싶어 했다. 업계에서 서로 경쟁자이고 자존심이 걸린 문제라 조정안을 받아들이지 않은 것이다.

다시 재판기일이 잡혔는데, 그 사이에 A사의 김사장에게 부친상이 발생한다. B사의 박사장은 그 소식을 듣고 감정에 변화가 생겨 장례식장을 수소문하여 찾아간다. 그곳에서 둘은 아버지에 대한 추억과 감정을 공유하는 대화를 하게 된다. 박사장의 부친도 김사장의 부친과 마찬가지로 1년 전에 암으로 생을 달리했던 터라 그때의 감정이 북받친 박사장은 오랫동안 빈소를 지키면서 상주를 위로해 주었다. 그 뒤 장례를 마친 김사장은 자신들이 양보하겠다며 A사 12억 원, B사 8억 원으로 안을 제시하여 합의에 이른다.[21]

훌륭한 협상가에게 공감능력은 꼭 필요한 자질이다. 공감능력이 뛰어난 사람은 상대가 원하는 것을 효과적으로 파악하고 거기에 부응하기 위해 노력한다. 사건사고가 많은 미국에서는 인질협상 전문가들의 역할이 중요하다. 협상종료 후에 전문가들이 인질범들에게 "어떤 이유로 마음을 바꿨냐?"라고 물어보면 그들은 대체로 "당신이 무슨 말을 했는지는 중요하지 않다. 당신이 그걸 말하는 태도가 나를 움직였다." 라고 말한다. 협상에서는 이성보다는 감성지능EQ이 더 중요하다.

영화에서 악당으로 나오는 역할을 하는 사람을 보면 채권추심회사의 직원들인 경우가 많다. 그만큼 이 업계의 사람들은 채무자들로부터 채권을 회수하기 위해서 강압적으로 채무자들을 닦달하는 데 익숙해져 있다. 그런데 미국의 한 추심회사의 사장은 이와 다른 업무방식으로 성공을 이루기도 했다. 그는 처음 추심회사에서 일하면서 기존의 채권추심 방법들에 회의감을 느끼고 자신이 직접 회사를 차려 다른 방법으로 일을 해보기로 했다.

그가 취한 방식은 채무자들의 상황을 공감해 주는 방식이다. 채무자들이 왜 파산하게 되었는지, 건강 혹은 사업이나 가정환경 등 그들의 상환능력에 영향을 미치는 변수들이 무엇인지를 파악하고 그것들을 이해해 주는 방식으로 채권을 회수하는 것이다. 대출금 상환이 어렵게 된 이유를 잘 이해하게 되면 채권을 회수하기 위한 해결책을 더 잘 찾을 수 있다는 것이다. 직원들에 대한 교육은 물론 채용을 할 때도 공감능력을 최우선 기준으로 삼고, 인사평가에서도 공감능력을 최우선 기준으로 삼았다. 회사는 이 방식으로 몇 년 내 해당 지역에서 업계 최고의 채권회수 실적을 올리게 된다.

공감능력은 남성보다는 여성이 더 뛰어나다. 주인공의 심리에 빠져들어가야 하는 소설과 드라마에 심취한 여성들이 많다는 점이 이를 증명한다. 여성성은 더 감정적이고 섬세하다는 점에서 공감능력이 높을 수밖에 없고 그 점이 협상에서 여성의 가치를 높여준다.

협상에 공감능력이 필요하다는 점에서 보면 협상의 필요성이 더 큰 사람, 무언가를 얻고자 하는 욕망이 큰 사람이 공감능력이 클 수밖에 없다. 어른보다는 어린아이가, 똑똑한 사람보다는 그렇지 않은 사람이, 부자보다는 가난한 사람이, 큰 나라보다는 작은 나라가 공감능력이 더 뛰어나다. 미국에서의 통계에 의하면 가난한 사람은 부자들보다 더 많은 기부금을 낸다(소득 대비 기부금 비율: 빈곤층 4.3% > 중산층 3% > 상류층 2.1%). 가난한 사람은 돈이 없는 고통을 잘 알기에 부자들보다 더 많은 선행을 베푸는 것이다. 약자들은 아무래도 생존에 있어서 주변의 도움이 필요하기 때문에 타인에 대한 관심을 많이 가질 수밖에 없다. 반면, 강자들은 스스로 문제를 해결할 수 있으므로 타인에게 의존할 필요가 없다. 공감능력을 키울 필요를 느끼지 못하는 것이다. 성공한 정치가들은 공감능력이 뛰어나다. 다만, 스스로 똑똑하다고 떠벌리는 정치인들은 정치가로서의 성장에 한계가 있다.

공감능력을 활용하여 협상의 성공가능성을 높이기 위해서는 다음 세 가지 점에 집중해야 한다.

① 상대에 대해 관심을 가지기

세계사의 정치가들 중에 공감능력이 가장 뛰어난 사람을 꼽자면 남아공의 만델라Nelson Mandela 대통령을 들 수 있다. 그는 인종갈등의 국면에서 27년간을 교도소에서 보냈지만 수감생활 중 백인 교도관들을 더 잘 이해하기 위해서 그들이 사용하는 아프리칸스어[22]를 배웠다. 대통령에 오른 후에는 전임 대통령으로서 아프리카너인 프레데리크 빌렘 데 클레르크Frederik Willem de Klerk를 부통령으로 지명하기도 하였다. 인종간의 갈등을 넘어서기 위해서는 열린 마음으로 상대에 대해 관심을 가지는 방법 외에는 없었기 때문이다.

② 상대의 감정을 적극적으로 인정해 주기

다음과 같은 방법을 시도해 보면 그 효과를 이해할 수 있다. 만약 상대가 감정적으로 변하는 순간에 "진정하라."라고 얘기해 보라. 그럼 상대는 "내가 지금 이런 상황에 진정하게 생겼냐?"라고 반박할 것이다. 반대로 "기분이 정말 안 좋으시겠어요?"라고 해보라. 그럼 상대는 "아니, 기분이 안 좋다기보다는…"라고 감정을 가라앉힐 것이다. 상대의 감정을 인정해 주면 상대의 감정은 긍정적으로 변화된다. 기분 좋은 감정을 드러내 주면 더 기분 좋은 상태가 되고, 부정적인 감정을 드러내면 반대로 행동한다. 훌륭한 협상가는 상대의 부정적인 감정을 치료할 수 있는 심리치료사가 되어야 한다.

③ 상대의 감정을 고려하여 제안하기

상대에게 의견을 제시하거나 제안을 할 때는 상대의 수용태도를 고려해야 한다. 사람의 뇌는 다른 사람의 품행과 태도에서 그 사람의 감정을 읽을 수 있다. 우리가 제안을 하면서 따뜻하게 상대의 감정에 동조하는 분위기를 풍길 수 있으면 대화는 자연스럽게 이어진다. 제안의 내용보다 상대의 감정을 고려하는 태도가 제안의 수용성을 높이는 데 더 효과적이다.

공감에도 수위조절은 필요하다. 협상에서 공감능력이 중요하다고 해서 상대에게 무조건 맞춰주라는 것은 아니다. 우리가 상대를 존중하더라도 자기만의 기준은 가지고 있어야 한다. 상대가 그것을 넘어서서 우리를 존중하지 않는다면 그것을 제어해 줄 필요가 있다. 2018년 개봉되었던 영화 '협상'을 보면 인질범 역할로 나온 현빈이 여성 인질협상전문가 역할로 나온 손예진에게 여성성에 관한 무례한 질문을 계속하는 장면이 나온다. 이때 손예진은 다른 관계자들의 만류에도 불구하고 인질범과의 전화를 먼저 끊어버리고는 이를 걱정하는 사람들에게 다음과 같은 말을 한다. “어차피 상대는 다시 전화를 걸게 되어 있어요.”

과유불급(過猶不及)이라는 말은 공감의 경우에도 동일하게 적용된다. 지나친 공감이 서로에게 모두 좋지 않은 결과를 가져오는 경우가 있다. 그런 경우는 상대에 대한 감정이입이 지나쳐서 상대의 문제를 마치 자신의 문제인양 착각하는 경우에 발생한다. 예컨대, 회사의 재정상태가 악화되어 파산이 우려되는 상황에서는 직원들에 대한 정리해고가 필요하다. 그런데 해고할 경우 직원들이 처하게 될 상황에 대한 안타까움이 커서 제대로 해고를 못하게 되면 더 큰 어려움에 봉착할 수 있다. 프로구단이 은퇴를 고려할 시기인 구단의 레전드 스타에게 온정적으로 대하다가 제 때에 세대교체를 단행하지 못하고 전성기를 구가하지 못하는 경우도 발생한다. 상대의 감정을 배려하더라도 협상에서는 상대와 나 사이에 어느 정도의 객관적인 거리는 필요하다. 나의 감정이나 욕구도 살펴야 최선의 결과를 얻을 수 있는 것이다.

2. 존중해 주기

은아는 교원 임용고시를 합격한 후, 아직 교사발령이 나지 않아 집에서 쉬고 있었다. 안양에 있는 학교에서 기간제 교사를 채용한다는 얘기를 듣고 그 학교에 지원을 했는데, 학교 담당자로부터 면접을 보러오라는 연락을 받았다. 은아는 집에서 학교까지 거리가 꽤 멀기도 하고, 임용고시를 합격한 마당에 다시 면접을 봐야할 필요가 있는지 의문이 들어 교장 선생님과 통화를 해 보기로 했다.

은아: “교장 선생님, 저는 이미 임용고시도 합격하고 얼마 안 있으면 발령도 날 예정인데요. 앞으로 교육계에서 같이 뵐 수도 있을 것 같은데, 굳이 면접을 보러 가야 될까요?”

교장: “그래도 절차가 있는데 면접을 봐야 하지 않겠어요?”

은아: “어차피 면접을 봐도 교장선생님이 결정권자 아니세요? 교장선생님 권한으로 그 정도는 알아서 처리해 주실 수 있는 것 아닌가요? 굳이 이런 절차가 필요하겠어요. 교장선생님이 결정해 주시면 되잖아요.”

교장: (껄껄껄 웃으면서)“그렇게 합시다.”

교장선생님은 은아의 당당한 모습에, 그리고 자신의 권한과 지위를 인정해 주는 말에 기분이 좋아져서 면접 절차도 생략하고 곧바로 기간제교사로 채용해 주었다.

상대로부터 무언가를 얻어야 하는 협상에서는 상대의 마음을 움직이게 할 수 있는 적극적인 노력이 필요하다. 상대를 존중해줌으로써 상대의 호감을 얻을 수 있다. 상대에 대한 존중은 다양한 방식으로 할 수 있다.

앞서 인정욕구의 중요성에 대해서 자세히 설명한 대로 상대의 인정욕구를 충족시켜주는 행위는 상대를 존중하는 방식으로써도 대단히 효과적이다. 그에 비해 인정욕구를 활용하는 방법은 어렵지 않다. 이 방법은 달리 비용이 들지도 않는다. 단지, 상대를 인정해 주는 말로 그가 중요한 사람이라고 느끼도록 해 주기만 하면 된다. 이 방식은 상대에 대한 태도, 상대를 대하는 관점만을 바꿔서 이를 활용해보려는 마음을 먹고 실천하기만 하면 된다. 대상을 가리지 않고 모든 사람에게 활용할 수 있으며 절대로 실패하지도 않는다. 그만큼 상대를 인정해 주는 효과가 크다.

은아의 경우처럼 상대가 가진 지위와 힘을 인정해 주면 상대의 기분은 좋아지고 그로부터 원하는 것을 얻을 수 있다. 경찰이나 공무원 등 규제권한이 있는 사람을 상대할 경우에도 이 방식은 유용하다. 법을 위반하여 단속을 당했을 경우에 구차하게 변명하는 대신에 "수고하십니다. 적발되지 않았으면 규정을 위반했는지 조차 몰랐을 뻔 했네요. 지적해 주셔서 정말 고맙습니다. 처분해 주시는 대로 따르겠습니다." 라고 대응을 하면 행운이 따라올 가능성이 높아진다.

앞서 경청에 대해서 강조하기도 했지만 상대의 말을 많이 들어주는 것도 상대를 존중해 주는 것이다. 전문가들에 의하면 내가 말하는 비율이 30%이고, 상대의 이야기를 듣는 비율이 70%일 때 상대의 마음을 얻기 가장 좋다고 한다. 그 자신 아는 것도 많고 말도 많아 선생님 스타일이었던 김대중 대통령은 김정일과의 남북협상에서는 말수를 줄이고 철저히 이 비율을 지킴으로써 협상을 성공적으로 이끌 수 있었다. 상대는 자신의 말을 잘 들어주는 것에 대해 배려 받고 있다고 느끼고, 나아가 자신이 대화를 주도하고 있다고 여기고 만족감을 얻기 때문이다.

자유의지가 있는 사람에게는 그의 의지(자기결정권)를 존중해 주는 것도 중요하다. 사람은 타인에 의해 자신의 행동이나 생각이 제약을 받게 되면 감정적으로 반발하게 되어 있다. 협상의 목적에 반하지 않는다면 협상의 주도권을 상대에게 내주고 실리를 챙기는 게 더 나을 수 있다.

3. 칭찬해 주기

세연은 집 앞의 스터디카페에서 주로 공부를 한다. 그 카페는 다 좋은데 어린 학생들의 소음이 문제였다. 세연이 종종 카페사장에게 문자로 민원을 제기해도 사장은 늘 주의를 주겠다고만 할 뿐 개선이 되지 않았다. 세연은 포기하려던 차에 신년이기도 해서 사장에게 다음과 같은 문자를 보낸다.

"사장님, 오랜 시간 카페를 이용한 학생입니다. 평일은 물론 주말과 공휴일에도 항상 깨끗하게 잘 관리해주셔서 감사합니다. 덕분에 깨끗한 공간에서 더욱 집중해서 공부할 수 있었습니다. 항상 감사하다는 말을 전해드리고 싶었는데 새해이기도 해서 안부인사 드립니다. 다만, 아직도 카페가 소란스러운 부분도 있긴 한데 신경써주시길 부탁드립니다. 새해 복 많이 받으세요."

이에 사장은 이전의 태도와 달리 세연에게 전화를 해서 극구 미안하고 고맙다고 하면서 앞으로는 카페에 고등학교 1학년 이하 학생의 출입을 금지시키겠다고 하였고, 그에 더해 커피 선물과 함께 카페이용권을 연장해주기도 하였다. "칭찬은 고래도 춤추게 한다."

인간본성에 관한 매우 중요한 사실은 우리가 칭찬에 굶주려 있다는 것이다. 사람은 자신에 대한 칭찬을 모두 믿는 경향이 있고, 자신을 칭찬해주는 사람 모두를 좋아한다. 내 대학친구 종득이는 유달리 "너의 이런 면이 좋아. 고마워."라는 표현을 입에 달고 살았다. 친구들이 좋아하지 않을 수 없었다. 아이들도 마찬가지다. "우리 새끼, 내 새끼, 아이고 예뻐." 자주 칭찬해 주는 어른을 좋아한다.

칭찬을 활용하는 방법은 다양하다. "당신이 이런 일에 완전 전문가라면서요? 제가 그 일을 맡게 되었는데 좀 도와주면 안 될까요?" 사람은 칭찬 받은 대로 행동하게 되어있다. "여러분은 제 말에 잘 웃어주는 군요? 잘 피드백을 해주는군요?" 상대의 행동 뿐 아니라 그 사람의 특성을 칭찬해주면 그런 행동을 자주 보게 될 것이다.

아부도 마찬가지다. 미국 타임지 편집장 출신인 리처드 스텡걸Richard Stengel은 그의 저서『아부의 기술』에서 아부를 '자기 자신이 유리한 입장에 놓이도록 하기 위해 다른 사람을 높이는 현실에 대한 조작'이라고 정의하면서 상대로부터 호감을 얻기 위해서는 일종의 '전략적 칭찬'인 아부를 활용할 필요가 있다고 했다. 아부를 받는 사람은 상대의 말이 아부라는 것을 알면서도 좋아한다. 자긍심이 강한 사람일수록 더 하다. 그들은 자신에 대한 칭찬을 아부로 여기지 않고 상대의 안목이 뛰어나다고 생각한다. 그들은 아부가 진심이든 아니든 개의치 않는다. 오히려 아부하는 사람을 더 긍정적으로 평가한다.

미국의 자동차 판매왕 지라드Joe Girard는 12년 연속 그 자리를 지키고 세계최고의 자동차 영업사원으로 기네스북에도 이름을 올린다. 그의 성공비결은 간단하다. 그는 매달 1만 3,000명이 넘는 고객들에게 축하카드를 보내 단순하게 "나는 당신을 좋아합니다."라는 글을 보낸다. 사람들은 명백한 사탕발림일지라도 그런 말을 하는 사람을 좋아한다.

앞서 소개한 영화 '협상'에서 인질협상전문가는 인질범을 처음 대면하면서 "○○○씨, 저는 당신을 도와주러 온 사람입니다."라고 소개하면서 대화를 시작한다. 이처럼 유능한 협상전문가들은 상대와의 첫 대면에서 우호적인 관계를 형성하기 위해서 노력한다. 세일즈 전문가들은 첫 대면에서의 5분의 임팩트가 세일즈의 성공에서 70% 이상의 중요도를 차지한다고 얘기한다.

첫 대면에서 상대에게 우호적인 인상을 남길 수 있도록 다양한 방법을 활용해 보자. 내 경우는 "요즘, 어떻게 지내세요?"라고 묻는 방법을 많이 사용한다. 이런 질문은 상대를 존중한다는 인상을 심어주고 상대의 현재의 상태를 살펴볼 수 있으며 그에 대한 정보를 취득할 수 있는 장점이 있다. 상대를 인정해 주는 말로 대화를 시작하는 것도 좋다. 예컨대, 이런 말을 해줄 수 있다. "말씀 많이 들었습니다. 업계에서 일 잘하는 걸로 소문이 자자하시더군요.", "전화로 들었을 때 목소리가 인상적이었는데 직접 뵈니 찾아뵙기를 정말 잘했다는 생각이 듭니다.", "사전에 오늘 일정을 상세히 안내해 주셔서 준비에 많은 도움이 됐습니다.", "오늘 넥타이 색깔이 너무 멋진데요, 역시 사장님은 센스가 남다르신 것 같아요."

부정적 감정에서 탈출시키는 2가지 방법

▼

1. 부정의 감정(인식)을 드러내기

상대와 협상을 진행하고 싶어도 그것을 가로막는 두 가지 장애물이 있다. 하나는 상대가 나에 대해 갖고 있는 부정적인 감정이고, 다른 하나는 나의 제안에 대한 상대의 부정적인 인식이다.

내가 상대의 마음을 얻기 위해서 아무리 호의적으로 대하고 나 자신이 인간적인 매력이 넘치는 사람이더라도 상대가 나에 대해서 이미 부정적인 감정을 가지고 있다면 상대는 나와 인간적인 관계로 이어지는 대화를 하려고 하지 않을 것이다. 또한 내가 아무리 공정하고 합리적인 제안을 하더라도 상대가 그 제안에 대해서 부정적인 인식을 가지고 있다면 상대는 내가 제안한 내용이 왜 서로에게 이익이 되는지를 생각하려고 하지 않을 것이다.

따라서 협상을 제대로 진행하기 위해서는 상대가 나에 대해서 혹은 나의 제안에 대해서 가지고 있는 부정적인 감정이나 인식을 먼저 제거해야 한다. 상대는 그로 인해 생긴 빈 공간으로 마음과 생각을 움직여서 나의 영역으로 가까이 올 수 있다.

앞서 공감능력을 활용하는 방법으로 상대의 감정을 인정해 주는 것을 다루었다. 상대의 감정 중에 부정적인 감정을 인정해 주는 것 역시 그것을 제거하는 방법이기도 하다. 좀 더 구체적인 방법을 살펴보도록 하자.

상대가 나에 대해서 이미 부정의 감정을 가지고 있다면 그것을 내가 먼저 드러내줌으로써 상대의 부정의 감정을 희석시킬 수 있다. 예컨대, 나와의 대화를 꺼리는 상대에게 "저와 얘기하는 게 두려우신가 보죠?"라고 물으면 상대는 "두려운 건 아니고요. …", "두렵다기보다는…" 등의 반응을 보이면서 두려운 감정을 내려놓으려 할 것이다. 또는 "저에 대해서 감정이 좋지 않으시죠?"라고 물으면 상대는 "꼭 그런 건 아니고요. …" 등의 변명을 하면서 좋지 않은 감정을 줄이는 쪽으로 대화를 이어갈 것이다. 한편으로는 "솔직히 두렵죠. 하지만 지금은…", "예, 감정이 좋지 않은 것도 사실이죠. … 하지만 그건…" 등 자신의 부정적 감정을 인정하면서도 그것을 줄이는 쪽으로 반응하기도 한다.

이런 현상은 과학적으로도 설명할 수 있다. 마음속에 있는 부정의 감정을 드러낼 경우에 그것을 생성하는 뇌 부위인 편도체의 작동이 방해되는 결과 부정의 감정이 줄어들게 된다. 또한 부정적인 감정을 소리 내서 말하면 그것은 본래의 감정 이상으로 과장되게 들리기 때문에 그에 대한 반작용으로 상대는 "그렇지는 않다. 그 정도는 아니다."라는 반응을 통해 부정의 감정을 줄여나간다.

이와 같은 현상을 이용해서 만나기 어려운 상대와 미팅약속을 잡을 수 있다. 업무가 바쁜 상대에게 잠시라도 대화할 시간을 달라고 요청하는 경우에 서로가 특별한 관계가 아니라면 상대가 시간을 내주기는 쉽지가 않다. 이 경우에는 "잠시 저에게 시간을 내주실 수 있나요?"라는 직접적인 표현보다는 "저에게 잠시 시간을 내주기 곤란하신가요?"라는 표현으로 예상되는 상대의 부정적인 반응(거절)을 미리 드러내준다. 그러면 상대는 그와 같은 부정적인 대응상황을 드러내놓고 인정하는 것을 꺼려하여 "예, 지금은 좀 곤란하지만 오후에는 잠시 시간을 낼 수 있어요."라고 할 가능성이 많다.

상대가 내 의견이나 제안에 대해 부정적인 인식을 가지고 있다면 상대가 그것을 지적하기 전에 먼저 드러내는 방식으로 상대의 생각이 견고해지는 것을 막을 수 있다. 예컨대, 이런 방식으로 대화가 흘러가게 하는 것이다. "이런 점이 공정하지 않다고 생각하시죠?" → "공정하지 않다기보다는 이런저런 생각이 들죠." → "그래요. 그 점에 대해서는 이렇게 말씀드릴 수 있겠네요. 그렇다면 특별히 문제 되지는 않겠지요?" 또는 "제 제안에 대해서는 이런 점, 이런 점 등등이 문제가 된다고 생각하시지요?" → "예, 그런 생각이 들 수도 있으니 한번 해명해 주시면 좋겠네요."

2. 자아비판과 사과하기

상대와의 관계에서 내가 무언가 잘못을 했다면 그로 인해 상대는 부정적인 감정에 휩싸이게 되고 나에 대해 비난을 퍼부을 것이다. 이런 상태에서는 상대에게 무언가를 요구하고 얻어내는 것은 불가능하다.

만약 상대가 나의 잘못을 아직 알아차리지 못한 경우라면 어떻게 하는 게 좋을까? 이 경우에는 상대가 그 사실을 알아차리고 나에 대해 비난을 퍼붓기 전에 내가 먼저 자아비판을 하고 사과를 해야 한다. 상대에 대한 비난은 쓸모가 없지만 자기에 대한 비난은 정말 쓸모가 있다. 그것은 상대를 김 빠지게 만들고 너그럽고 자비로운 태도로 만들기 때문이다. 자아비판은 놀랍도록 효과적이다. 상대의 투쟁의지를 꺾어버리고 나의 잘못을 최소한으로 줄여준다. 나아가 "그 친구 정직한 친구네"라는 의외의 평가를 받을 수도 있다.

만약 상대가 나의 잘못을 알아차린 상태라면 그때는 사과를 해서라도 상대의 감정을 풀어주는 수밖에 없다. 이때의 사과는 4가지 원칙이 지켜져야 효과가 있다. 신속하게 해야 하고, 상대가 기대하는 수준보다 과할 정도로 해야 하며, 잘못한 사실에 대해 분명하게 인정해야 한다. 더불어 잘못을 바로잡는 회복조치가 이루어져야 한다.

상대의 마음을 훔치는 9가지 방법[23]

▼

1. 상호성의 원리

2023년 10월 하마스의 전격적인 기습으로 시작된 하마스와 이스라엘의 전쟁에서 접경 지역의 이스라엘 주민 200여 명이 하마스 대원에 의해 납치된다. 하마스 대원들에 의해 가택에서 일시 구금된 사람들 중에 한 할머니가 있었다. 할머니는 하마스 대원들이 손주처럼 여겨졌다. 구금 시간이 길어지자 할머니는 하마스 대원들에게 식사를 만들어 주겠다고 제안한다. 긴급한 작전 수행으로 제대로 식사를 못했던 대원들은 할머니의 따뜻한 식사대접을 받고 감격하여 할머니를 인질로 잡는 것을 포기한다.

미국의 한 경찰이 수배자를 체포하는 과정에서 벌어진 일이다. 경찰은 수배자의 손을 뒤로 돌리게 한 후 수갑을 채운다. 그때 껌을 씹고 있던 경찰에게 긴급 상황이 발생한다. 갑자기 껌이 목에 걸려 기도가 막히고 호흡곤란으로 얼굴이 사색이 되지만 도와줄 동료는 없다. 수배자는 이를 바라보다 "수갑을 풀어 주면 도와주겠다."라고 제안한다. 경찰은 미심쩍은 표정이었지만 상황이 급하니 풀어줄 수밖에 없다. 수배자는 경찰의 뒤로 가서 고개를 숙이게 하고 깍지 낀 손으로 배를 힘껏 압박하여 껌을 뱉어 내게 한다. 수배자는 기운을 차린 경찰에게 다시 수갑을 채우라고 손을 내밀지만 경찰은 "됐다. 그냥 가라"며 수배자를 보낸다.

저명한 문화인류학자인 리키Richard Leakey가 말했듯이 상호성의 원리야말로 인간을 인간답게 하는 가장 중요한 원천이다. 이것은 호의 혹은 악의적 행동 모두에 적용되지만 협상과 관련하여 의미가 있는 호의에 대해서만 보기로 하자.

상호성의 원리에 의하면 우리는 다른 사람이 호의를 베풀면 다시 되갚아야 하는 의무감에 시달린다. 호의를 받았으면서도 되갚지 않는 사람에 대해서는 인간관계의 법칙을 무시하는 태도로 여겨지고 사회에서 환영받지 못하기 때문이다. 이런 의무감은 우리의 마음을 꽤나 불편하게 만들고 그런 부채감이 싫어서 대부분의 사람은 빨리 되갚아 버리려고 한다.

이 원리가 작동하는 대상은 선물과 같은 구체적인 호의에 한정되지 않는다. 양보도 마찬가지다. 직접 받은 것은 없더라도 상대로부터 무언가 양보를 받았다면 나 역시 양보해주어야 할 의무감이 생긴다. 또한 이 원리는 상대가 주는 호의를 내가 원하였든 원치 않았든 모두 발생한다. 이유가 무엇이든 간에 호의를 받는 순간 그에 따른 의무감은 생겨난다.

A와 B는 어느 중견기업의 채용절차에 응시해서 최종 면접까지 보게 된다. 회사의 인사담당자는 호의로 그 둘에게 전화를 해서 "좋은 소식이 있을 것이다."라고 알려준다. 그런데 이 회사는 갑자기 주 거래처와의 거래가 끊기면서 신입사원 채용을 중단시키고 A와 B에 대해서도 채용을 하지 않겠다는 연락을 하게 된다. 이에 대한 둘의 대응은 달랐다.

A는 인터넷을 검색해 보니 이와 같은 상황이 채용내정에 해당될 수 있다는 사실을 알고 회사에 대해 소송을 제기하기로 했다. 노동판례에 의하면 채용과정에서 합격통보를 한 경우는 채용내정에 해당하여 근로자로 신분을 인정받을 수 있다. B는 A와 함께 소송을 제기할 생각도 해보았지만 다른 일자리를 찾아보기로 했다. 자신에게 좋은 소식이라며 알려준 인사담당자에게는 이메일을 보내 감사한 마음을 전했다. 이후 B는 여기저기 다시 구직활동을 했지만 일자리는 쉽게 나지 않았다. 그 무렵 B에 대해 좋은 인상이 남아있던 인사담당자는 B에게 연락을 해서 일자리를 알아봐 준다.

상호성의 원리에 의하면 상대에게 먼저 호의를 베풀면 상대는 일종의 빚진 상태에 빠지기 때문에 자연스럽게 상대의 호의를 기대할 수 있게 된다. 이러한 원리는 상호적인 작용을 통해 무언가를 얻고자 하는 협상에서 유용하게 활용된다. 여러 가지 설득의 원리 중에 이 원리의 효과가 가장 강력하다. 영업사원들이 고객들에게 공짜 샘플을 제공하거나 식자재업자들이 시식코너를 운영하는 것도 모두 이 원리의 효과를 알기 때문이다.

협상의 관점으로 세상을 보면서 나는 사람들을 상대할 때 가급적이면 내가 상대에게 도움을 줄 수 있는 재능을 알려주고 도울 의사가 있음을 밝힌다. 그러면 상대는 종종 내게 도움을 청하고 나는 기꺼이 상대를 도와주면서 관계를 형성한다. 그것이 세상사는 이치이다.

로스쿨의 제자들에게도 마찬가지의 조언을 한다. 변호사 일 자체가 다른 사람을 도와주는 것이니 선임계약을 통한 공식적인 업무가 아니라도 혹은 법률업무와 무관한 사소한 일이라도 다른 사람들에게 도움을 주라고 한다. 그러면 상대는 흥부에게 황금박씨를 물어다준 강남 제비처럼 언젠가는 비공식적인 영업사무장이 되어 사건을 가져다줄 수도 있지 않겠는가고 말이다.

나아가 상대에게 호의를 베풀 때는 진심으로 도와주어야 한다. 사람들 중에는 호의를 베풀면서 드러내놓고 조건을 걸기도 하고, "다음에 알지?"하면서 은근히 부담을 주는 사람도 있다. 상대가 둘 사이의 관계를 거래관계 정도로 생각하고 있으면 문제가 안 되겠지만 내심 가까운 사이로 생각하고 있었는데 그와 같은 조건이 따르게 되면 '나와 거래라도 하자는 건가?'라면서 실망하게 된다.

한편, 내가 상대에게 호의를 베풀었는데 그에 대해 상대가 감사의 인사를 할 때는 좀 더 전략적인 대응을 할 필요가 있다. 상대의 감사표시에 대해 내 쪽에서 겸양의 모습을 보인다고 "대단한 일도 아닌걸요. 괘념치 마세요. 누구에게라도 그랬을 거예요."와 같은 말을 하게 되면 내가 제공한 호의의 가치는 떨어질 수밖에 없다. 그것을 계속해서 유지하고 확대하는 방법은 다음과 같은 표현이다. "입장이 바뀌었다면 당신도 제게 똑같이 해주었을 거예요", "너도 나중에 나와 같은 위치에

서면 후배들에게 또 그렇게 하겠지. 내리사랑 아니겠니?" 호의를 제공받은 상대가 어느 정도 부담감을 가진 채로 누구에게든 호의를 제공할 수 있도록 하는 게 사회 전체적으로는 유익할 것이다.

변호사 일을 시작한 지 얼마 안 되어 한 대학동문이 사무실을 찾아왔다. 그와 나는 대학 때 같은 기숙사에서 지내면서 알게 된 사이로 만나면 인사를 나누는 정도였다. 그는 외국계 보험회사에 다니고 있었는데 내게도 보험가입을 권유하였다. 자동차 보험 외에는 달리 보험에 가입하고 있지 않은 이유도 있었지만 다른 사람의 부탁을 잘 거절하지 못하는 성격인지라 계약서에 사인을 했다. 그 동문은 계약해 줘 고맙다고 하면서 다시 "주변에 아는 친구 한 사람만 소개해주면 고맙겠다."라고 부탁을 하였다. 나는 "그 정도 부탁이야 뭐…"라면서 아는 동기 변호사를 소개해주었다. 그 후 어떤 모임에서 동기 변호사를 만났을 때 그 친구는 내게 "왜 그 녀석에게 자기를 소개해주었느냐"라고 투덜거려서 미안해했던 적이 있다. 그 동기도 나처럼 상대의 부탁을 거절하지 못하는 성격이었던 게다.

협상에서 상호성의 원리를 대비효과와 함께 이용하면 그 효과는 배가된다. 예컨대, 먼저 상대가 들어주기에는 다소 무리한 부탁을 하고 상대가 그 부탁을 거절할 경우에 내 쪽에서 처음의 부탁을 철회(양보)하는 모습을 보여주면서 대신에 그 보다는 약한 부탁을 들어달라고 제안하는 것이다. 그러면 상대는 내 처음의 부탁을 거절한 것에 따른 미안한 감정과 함께 내 쪽에서 첫 제안을 거둬들이는 양보를 했기에 두 번째 제안에 대해서는 수용해야할 것 같은 압박감을 느낀다. 여기서 핵심은 두 번째 제안 자체가 내가 본래 목표로 삼은 제안이라는 것이다. 이러한 방식은 의도를 했든 안했든 양쪽을 다 만족시킬 수 있는 성공적인 협상이라 할 수 있다. 내 쪽은 본래 의도한 목표를 달성했기 때문에 만족하고, 상대는 내 쪽의 무리한 첫 제안을 포기하게 만들었다고 생각하기 때문에 만족한다.

앞서 나의 동문처럼 보험영업을 하거나 방문판매를 하는 사람들은 이 방법으로 먹고산다고 할 수 있다. 이들은 첫 제안을 하여 상대가 들어주면 좋고 들어주지 않아도 좋다고 생각한다. 이들의 목표는 두 번째 제안인데, 내 경우처럼 지인을 소개해주는 데는 별도의 비용이 발생하지 않으므로 가벼운 마음으로 들어주게 된다. 문제는 내 동기 변호사처럼 친한 지인의 소개를 받고 왔다면서 부탁하는 영업사원의 제안을 거절하기가 쉽지 않다는 점이다. 영업의 달인들이 노리는 지점이 바로 여기에 있다. 내 경우 첫 제안과 두 번째 제안을 모두 수용해주었으니 영업사원에게는 황금고객이었다.

유능한 협상가라면 자신이 상호성의 원리에 처해지는 경우에 대한 대비전략도 있어야 한다. 대응방법은 다음과 같다.

첫째, 이제 상호성의 원리를 이해한 이상 협상의 관점에서 볼 때 상대의 호의가 결코 공짜가 아니라는 점을 분명히 인식하고 그것을 수용할지 여부를 신중히 판단할 필요가 있다.

둘째, 그렇더라도 상대의 호의가 호의인 것은 분명한 이상 일단은 그것을 수용함으로써 상대와 좋은 관계를 맺기 위한 첫 단추를 잘 꿸 필요가 있다. 다만, 그로 인해 상대에게 구속당하는 느낌이 싫다면 사소한 것이라도 주거나 주겠다고 제안이라도 하는 게 좋다. 누군가 내게 파란색 람보르기니 스포츠카를 사준다면 나는 그에게 "우리 동네에서 가장 맛있는 커피를 사주겠다."라고 말하겠다.

셋째, 상대의 호의가 단순한 호의가 아니라 나의 양보를 받아내기 위한 술수라는 생각이 들면 그때부터는 전략적으로 대응하면 된다. 그 순간 상대의 호의는 호의가 아닌 이상 내가 되갚아야 할 의무감을 느낄 필요가 없다. 상대의 호의는 기왕에 받은 것인 이상 '좋은 추억'으로 남기고 "다음에 보자"는 말로 관계를 정리하면 된다.

2. 유사성의 원리

의류회사를 운영하는 김사장은 미국의 유명한 의류 브랜드 회사와 제휴를 하고 싶다. 문제는 미국회사의 사장이 유대인으로 빈틈없는 성격에 깐깐하기로 소문나 있다는 것이다. 들리는 얘기로는 미팅을 해도 일체 개인적인 얘기를 하지 않고 원칙적으로 업무를 처리하는 스타일이라고 한다. 그럼에도 김사장은 어떻게든 미국회사와 제휴를 맺고 싶다. 어떻게 해야 할까?

그는 먼저 어떤 핑계를 대서라도 미국회사의 사장실을 방문하여 그의 취미와 관심사가 무엇인지를 파악하고자 했다. 그가 사용한 방법은 우리 조상들의 지혜가 담긴 수맥탐지봉과 고려청자다. 그는 미국회사 사장에게 "사무실에 수맥이 있으면 두통이 생기니 고려청자로 억제해야 한다."라고 둘러대고 그의 사무실을 방문한다. 그가 사무실에서 발견한 것은 사장의 암벽등반 사진과 대회에서 딴 메달 등이었다. 사장은 암벽등반 마니아였던 것이다. 김사장은 그때부터 열심히 암벽등반을 배우면서 미국회사 사장으로부터 그에 관련된 조언도 듣고 정보도 교환하면서 관계를 쌓아갔다. 그 둘은 업무제휴와 관련된 협상장에서도 협상에 관한 얘기보다는 암벽등반에 관한 얘기로 꽃을 피웠고, 협상은 김사장이 원하는 방향대로 이뤄질 수 있었다.

유사성의 원리는 상대와 내가 비슷한 점이 많을수록 더 호감을 느끼는 원리이다. 사례에서 김사장은 미국회사 사장이 좋아하는 암벽등반을 소재로 호감을 얻어 원하는 것을 얻을 수 있었다. 이렇듯 유사성의 원리 역시 협상에 사용할 수 있는 유용한 설득원리이다. 사람들은 상대가 자신과 유사한 점이 많을수록 대화할 소재가 더 많고, 더 쉽게 공감대를 형성할 수 있으며, 자연스럽게 내편이 되어줄 것으로 믿기 때문에 호감을 갖게 된다. 대학생들에게 설문조사를 받는 실험에서 대학생의 복장을 한 조사자는 성인의 복장을 한 조사자보다 2배 이상의 응답을 받는 결과가 나오기도 했다.

상대와의 관계에서 유사성의 원리를 이용하는 방법은 다음과 같다.

첫째, 나와 상대 사이에 유사한 점이 있는지 적극적으로 찾아보고 이용하는 것이다. 상대의 나이, 키, 성격, 가정환경, 종교, 취미, 정치성향 외에도 지연, 학연, 혈연 등 온갖 종류의 유사성 요소를 찾아 대화소재로 활용하면 상대와 계약할 가능성이 높아진다. 자동차 영업사원들은 고객을 처음 만날 때, 그들의 취미나 배경을 알려주는 아주 사소한 단서 하나라도 놓치지 말라고 교육받는다. 그들은 고객의 차에서 캠핑도구가 발견되면 자기도 야외생활을 즐긴다고 얘기하고, 골프공이 발견되면 그 즉시 자신도 골프를 즐긴다고 호응한다. 만약 처음 만난 사람이라 유사성을 찾기 어려울 경우에는 어떻게 할까? 그 경우에는 좋지 않은 날씨나 비겁한 정치인, 골치 아픈 배우자, 나쁜 상사 등 공통의 적을 만들어 함께 욕하면서 동질감을 느낄 수 있다. 자녀의 교육 문제나 건강, 외로움, 질병, 노인봉양 문제 등 공통의 관심사를 발굴하여 대화하는 것도 유용하다.

둘째, 상대와 많은 시간을 보내면서 접촉면을 늘리고 그와 유사성이 많다고 느낄 수 있도록 행동하는 것도 좋다. 미국 오하이오 주 검찰총장 선거에 출마한 한 후보자는 자신이 선거에서 열세인 상황에서 선거 직전에 자신의 이름을 '브라운'으로 바꾸고서 대승을 거둔다. 그 이름은 오하이오 주에서 정치적으로 가장 유력한 집안의 이름이다.

마음에 드는 이성이 자신에게 관심을 갖게 하고 싶다면 다음과 같은 방법도 좋다. 먼저 좋아하는 이성의 주변에서 지속적으로 맴돌다가 어느 날 갑자기 사라지는 것이다. 그 이성 역시 내게 익숙해져서 호감이 증가하고 있던 차에 갑자기 내가 보이지 않으면 나를 많이 그리워하게 될 것이다. 이 방법은 유사성의 원리와 뒤에서 다루는 희소성의 원리를 함께 적용한 방법이다.

셋째, 상대와 대화를 하면서 동질감을 느끼게 하는 방식으로 미러링Mirroring 기법이 있다. 이는 '거울' 혹은 '비추다'라는 뜻의 mirror에서 연상할 수 있듯이 상대의 행동을 따라 하는 것이다. 대화 중에 상대의 말투, 어휘, 속도, 어조, 표정이나 동작 등을 따라 하면 무의식적으로 서로 간에 동질감을 느낄 수 있다. 미러링의 효과는 실험에 의해서도 확인된다. 미국 MBA 학생들을 대상으로 한 실험에서는 상대의 행동을 따라 하는 경우 협상의 성공률이 3배 이상 높았다. 팁 문화를 이용한 실험의 결과는 더 놀랍다. 음식점에서 직원을 통해 손님들에게 일반적인 칭찬과 격려의 말을 했을 경우와 미러링 기법을 사용해서 서비스를 했을 경우에 직원들이 얻는 팁 수입은 후자가 평균 70% 더 높았다.

대화과정에서 미러링을 사용하는 구체적인 방법은 다양하다. 상대가 몸을 의자 뒤로 젖히거나 턱을 괴는 등의 행동을 따라 하는 경우도 있고, 놀라거나 웃는 등의 상대의 표정을 따라 하기도 한다. 앞서 설명한 경청의 방법 중에 상대의 말에 적절한 리액션 하기, 핵심 문장 따라 하기, 대화내용 요약하기 등의 적극적 경청의 방법 역시 이에 해당한다.

또한 상대의 성격유형에 따른 언어성향을 따라하는 것도 상대를 설득하는 데 유용하다. 상대가 감정적·정서적인 사람이라면 감정과 관련된 소재로 대화를 하고, 의견을 제시할 때도 "당신에게는 이 방식이 꼭 맞을 것 같은 느낌이 듭니다."와 같은 감정적인 표현을 사용한다. 반대로 이성적·논리적인 사람에게는 "저는 이 방식이 당신에게 잘 맞을 거라고 생각합니다."와 같은 이성적인 표현을 사용한다.

협상에 사용하는 유사성요소 중에 가장 강력한 효과가 있는 것은 인연이다. 많이 알려져 있는 혈연이나 지연, 학연 외에도 군대나 회사 등 다양한 인연이 활용될 수 있다. 인연으로 엮인 사람들에게는 '우리'라는 정체성이 형성되어 있고, 그들 사이에는 강력한 유대감이 흐른다. 군대나 직장에서 힘든 훈련 혹은 수련과정을 거친 사람들이나 힘들었던 수험생활을 함께 한 친구들 사이에도 오래도록 유대감이 작동한다. 내가 만든 요리, 내가 만든 물건, 내가 가르친 제자에게 특별히 애착이 가는 것도 동일한 원리다.

인연을 협상에서 사용하는 방법은 상대와의 유대감을 특별히 강조하는 것이다. 예컨대, 부부사이에서 상대를 설득하는 경우에 "우린 결혼 이후 오랫동안 함께 지내왔어. 우리는 때론 싸우기도 했지만 행복했던 추억이 훨씬 많았지. 그리고 나는 여전히 당신을 사랑하고 있어. 나를 위해 이렇게 해주면 안 될까?"라고 한다면 들어주지 않는 사람이 있을까? 있기야 하겠지만 적어도 상대를 압박하거나 자신의 생각이 더 옳다고 극구 주장하는 것보다야 훨씬 더 효과가 있다.

상대와의 유대감을 형성하기 위해서 이런 방식으로 제안하는 것도 효과적이다. 예컨대, 상대에게 제안을 하면서 "어떤 점이 문제가 있는지 충고해 달라"라고 부탁을 하는 것이다. 상대가 그에 응해 내 제안에 대해 충고를 해주면 상대는 나의 제안을 성사시키는 데 있어서 협조자가 된다. 일종의 공범효과에 빠지게 되는 것이다. 미국의 현자 벤저민 프랭클린은 "우리는 충고를 해달라고 우리에게 온 사람들의 지혜에 찬탄해 마지않는다."라고 했다. 상대는 그만큼 나의 제안에 동조되는 것이다. 반면에 나의 제안에 대해 "당신의 생각이나 의견을 달라"라고 하는 것은 상대에게 나의 제안과 다른 생각을 해보라고 조장하는 것이어서 협상성공에 방해가 된다.

유대감을 활용하여 회사생활을 잘하는 방법도 있다. 회사에 매력적인 상사가 있어 장래를 위해서 친해지고 싶다. 그런데 자신과는 특별한 인연이 없어 관계를 맺기 쉽지 않다. 어떻게 친해질 수 있을까? 이 경우에는 그 상사를 비공식적인 멘토로 만드는 것이다. 상사에게 다음처럼 얘기해 보자. "저는 부장님이 우리 회사에서 사장에 오를 수 있을지 관심을 가지고 지켜보겠습니다. … 여기에서 성공하려면 무엇이 필요한지 알려주세요. … 저도 선배님과 같은 길을 가고 싶습니다." 그에 따라 상사가 조언해 주는 경우, 그는 당신이 그것을 잘 수행하는지 관심 있게 지켜볼 것이고 그는 당신의 비공식적인 멘토가 된다(상호성의 원리).

3. 희소성의 원리

"무언가를 사랑하려면 그것이 사라질 수도 있음을 알라."(G.K. Chesterton)

사람들이 원하는 욕구에 비해 물건이 부족할 때 물건의 가치가 올라가고 반대로 물건이 풍족해지면 물건의 가치가 내려가는 것을 희소성의 원리라고 한다. 이 원리가 작동하는 이유는 한정된 자원을 쟁취하기 위한 경쟁심과 상실에 대한 두려움이다. 앞서 소개한 잭 브렘의 심리적 반발이론에 의하면 사람은 어떤 대상에 대해서 선택의 자유가 제한되거나 위협당하게 되면 그 자유를 유지하기 위한 동기가 유발되어 그 자유를 그리고 그것과 관련된 대상을 이전보다 더욱더 강렬하게 원하게 된다고 한다.

이 원리는 다양한 협상 사례에서 사용된다. TV 홈쇼핑에서는 "남은 물건이 얼마 없다"거나 "시간이 얼마 남지 않았다"면서 소비자들의 구매심리를 자극한다. 부동산 중개업자들은 구매결정을 망설이는 고객이 듣도록 또 다른 고객과 통화를 함으로써 구매결정을 촉구한다. 연애의 달인들은 자신의 매력을 높이기 위해서 자신을 흠모하는 제3의 경쟁자가 있다는 인상을 의도적으로 자신의 파트너에게 넌지시 암시하기도 한다. 역사적으로 '금주령'이나 '금지곡'들은 정책적으로 실패를 맛보게 되는 데 모두 이 원리가 적용된 결과다. 예나 지금이나 '성인용'으로 표기된 제품들이 여전히 청소년들에게 인기가 많은 이유도 같다.

그 외에도 협상에서 희소성의 원리를 이용하는 방법은 많다. 사람들 간의 경쟁심을 이용하는 방법으로는 대안을 활용하는 방법(제10장)이 있다. 상실감을 활용하는 방법으로는 협상시한의 설정과 손실회피성향의 활용(제7장)이 있다.

4. 일관성의 원리

6.25 전쟁은 국지전으로 시작되었다가 국제전으로 비화되었다. 당시 중공군은 미군포로들을 대상으로 특별한 세뇌프로그램을 운영한 바 있다. 그 방

식은 미군포로들에게 껌이나 담배 등의 소소한 보상을 해주고 글을 쓰게 하는 것이다. 포로들은 처음에는 '미국이 완벽한 것은 아니다.'라는 그럴만한 주제로 작문을 시작했다. 그런데 그 뒤에는 '미국이 완벽하지 못한 점은 무엇인가?', '미국이 완벽한 나라가 되지 못한 이유는?' 등의 주제가 주어졌다. 포로들은 점점 작문을 통해서, 때로는 공개적인 발표를 통해서, 미국에 대해, 미국인에 대해, 전쟁 자체에 대해 부정적인 생각으로 빠져들게 된다. 그들은 중공군에 대해서는 점점 더 협조적으로 대해 미군에 관한 정보를 제공해 주고, 탈출하는 미군들을 밀고하기까지 한다.

종전 후 미국 정보기관에서 분석한 바에 의하면 포로들의 행동에 대단한 문제가 있었던 것은 아니다. 포로들은 스스로가 쓰고 발표한 기록에 서서히 자연스럽게 심취되고 그에 따른 행동을 할 수밖에 없게 된 것뿐이다.

일관성의 원리는 사람이 일단 어떤 입장을 취하게 되면, 그 결정에 대한 일관성이라는 심리적 압력에 따라 자신의 감정이나 행동을 이미 결정된 입장에 따르는 쪽으로 맞춰나가게 된다는 원리다. 이미 했던 행동이나 결정에서 벗어나지 않으려는 성향은 사람들의 공통된 모습이기도 하다. 한 번 선택한 것은 또다시 선택할 가능성이 많다. 경마장에서 말에 돈을 걸게 되는 경우, 사람들은 돈을 걸기 전보다 돈을 건 후에 그 말이 경마에서 우승할 확률이 더 높다고 생각한다. 변호사 업무의 경우도 사소한 일이라도 한번 도와준 사람은 다시 그 변호사를 찾아올 가능성이 높다.

일관성의 원리를 협상에 이용하는 방식은 다음과 같다.

① 문전 걸치기 기법

이는 상대가 들어주기 부담스럽지 않은 사소한 요청으로 시작해서 점점 더 큰 제안을 하는 방법이다. 자선단체나 종교단체에서는 기부금을 모금하기 위해서 간단한 인터뷰나 설문조사, 지지서명 등을 진행하는데 한 번이라도 거기에 응한 사람들은 다른 사람들에 비해서 기부금을 낼 가능성이 높다. 선거관리위원회나 시민단체에서도 선거를 앞에 두고 시민들을 상대로 투표참여 여부를 묻는 설문조사를 진행하는데 투표를 하겠다고 응답한 사람들의 투표율은 설문에 참여하지 않은 사람들에 비해 훨씬 높다. 벤저민 프랭클린은 앙숙관계였던 사람으로부터 단지 한 권의 책을 일주일간 빌렸을 뿐이지만 그 일로 인해서 평생지기 친구를 얻는다.

② 내가 원하는 방향으로 상대를 규정함으로써 상대의 행동을 유도하기

이는 미국의 카터대통령이 세계 정상 중 유일하게 마음속 깊은 곳에서 우정을 느낀 친구라고 평한 바 있는 이집트 대통령 사다트Anwar el-Sadat가 잘 활용한 것으로 알려져 있다. 그는 국제협상을 시작하기 전에 상대국들에 대해 그들의 협동심과 공평함을 잘 알고 있다고 긍정적인 인상을 주지시킨다. 상대에 대한 칭찬을 통해 호감을 갖게 하고, 상대의 협상태도를 자기 목적에 맞게 규정함으로써 상대로 하여금 우리 측에 유리한 행동을 하도록 유도하는 것이다. 각시 역시 마찬가지인데, 그녀가 내게 "당신은 착한 사람이니까…"라고 표현할 때는 뭔가 부탁할 게 있는 경우다.

③ 공식적인 약속으로 상대를 구속시키기

일관성이 있다는 평가를 받는 사람은 일관성이 없고 변덕스럽다는 평가를 받는 사람에 비해서 사회적으로 큰 신뢰를 얻게 된다. 이를 이용해서 상대를 공식적으로 규정해 놓을 수 있으면 상대는 그 범주에서 벗어나기 어렵다. 예컨대, 비만치료센터에서는 고객이 체중감량 프로

그램에 꾸준히 참여할 수 있도록 자신의 체중 목표를 정한 후에 그것을 주위의 친구나 가족들에게 공식적으로 표명할 것을 요청한다. 사람들의 분쟁을 조정하는 경우에 조정위원들은 당사자들이 상대가 있는 공개적인 자리에서 자신의 요구사항을 얘기하는 것을 자제시킨다. 자신의 요구사항을 공개적으로 얘기할 경우에 사람들은 자기의 입장을 철회하기 어렵기 때문이다. 그들의 요구사항은 당사자들을 개별적으로 만났을 때 듣는 것이 조정의 성공률을 높일 수 있다.

④ 일관성을 적용하여 상대를 설득하기

달려오는 말을 잘 타는 방법은 말이 가고 있는 방향으로 뛰면서 타는 것이다. 마찬가지로 고집스러운 상대를 설득하는 방법은 상대의 주장에 정면으로 맞서지 말고 상대의 가치와 기준을 가지고 그에 부합하는 내용으로 얘기를 해야 설득에 유리하다. 상대가 효율성에 기초해 주장을 개진하면, 효율성의 관점에서도 내 제안이 더 낫다는 점을 설명한다.

5. 매력 키우기

상대로부터 무언가를 얻어야 하는 협상에서는 매력적인 사람이 그렇지 못한 사람보다 유리할 수밖에 없다. 사람들은 본래 매력적인 사람이 더 정직하고 더 똑똑하고 더 능력이 있을 것으로 생각하기 때문이다. 관련하여 미국에서의 연구결과가 있다. 모의재판을 통해 손해배상 사건을 진행하는 실험이었는데, 배심원들은 동일한 사건에서 원고와 피고의 신체적 매력에 따른 차이에 따라 20배 정도의 차이로 손해배상 인정금액을 달리하였다.

내 경우를 돌아보면 로스쿨 도입 초기에는 면접실패를 경험하기도 했다. 면접관에게 있어 면접실패는 학생을 잘못 뽑는 것을 의미한다. 어느 해인가 말솜씨도 좋고 매력적인 인상의 친구가 있어서 최고점을 주었다. 하지만 그 친구는 기대와 달리 입학 후 학교성적도 좋지 않았고 변호사시험에도 떨어져 실망을 주었다. 그 친구에 대한 실망보다는 나 자신의 사람 보는 안목에 대한 실망이 컸다. 그렇다면 지금의 나는 상대의 말솜씨나 신체적 매력에 영향을 받지 않을 정도로 능숙한 면접관이 되었을까? 장담할 수는 없다. 그런 실수를 범하지 않으려고 주의는 기울이겠지만 눈앞의 매력적인 상대에 대한 끌림은 이성으로 쉽게 제어되지 않는다.

결국 유능한 협상가가 되기 위해서는 우리 스스로 매력을 키우기 위해 노력하는 수밖에 없다. 사람의 매력은 외모와 화법, 태도 등 여러 측면에서 발생한다.

매력적인 외모를 가진 사람은 누구에게나 사랑을 받는다. 우리는 또한 잘 생긴 그들이 으레 친절하고 능력이 있을 것으로 짐작한다. 우리는 스스로가 그들의 신체적 매력을 보고 좋게 평가하고 있다는 사실조차 인식하지 못한다. 이를 입증하는 연구결과는 많다. 1974년 캐나다에서의 연구에 의하면 신체적으로 매력적인 후보가 그렇지 못한 후보보다 선거에서 평균적으로 21% 더 높은 득표율을 올렸다.[24] 경제학자들의 연구결과에 의하면 매력적인 사람들이 평범한 동료들보다 12-14% 더 많은 연봉을 받는 것으로 나왔다. 형사재판의 결과도 마찬가지다. 매력적인 피고인은 형량을 덜 받고, 매력적인 피해자를 죽인 피고인은 형량이 늘어난다.

"웃어라 그러면 세상이 너를 보고 웃으리라", "웃기 싫은 사람은 장사를 하지 말라." 중국 속담이다. 과거 우리나라의 대표적인 코미디

프로그램 중에도 "웃으면 복이 와요."라는 게 있었다. 활짝 미소를 짓고 쾌활한 태도로 사람을 대하는 사람만큼 매력적인 사람도 없다. 사람의 얼굴 표정은 그가 입고 있는 옷이나 외모보다 훨씬 중요하다. 각시는 시장에서 생글생글 웃는 얼굴과 코맹맹이 소리로 수다를 떨면서 끈질기게 가격흥정을 한다. 확실히 효과가 있다.

업무적으로 만나는 사람들 중에는 미팅 전에 이메일이나 전화로 약속시간과 장소, 대화주제 등을 꼼꼼히 체크하는 사람이 있다. 그들은 일정 중에 갖는 휴식시간이나 식사시간을 잘 챙기고 필요한 물품도 철저히 준비한다. 미팅 후에 머물 숙소나 기념품 등의 선물을 빠짐없이 준비하고, 미팅 종료 후에는 문자나 메일을 통해 함께 보낸 일정에 대한 간단한 소회와 감사의 마음을 전한다. 이렇게 세심한 사람을 누가 좋아하지 않을까? 매력은 보이지 않는 것에서도 나온다.

6. 옷차림에 신경 쓰기

우리가 가진 유·무형의 권위는 사람을 설득하는 데 유용하다. 사람은 어려서부터 무질서보다는 권위에 대해 순응하는 것이 실제적인 혜택을 가져온다는 점을 자연스럽게 교육받아왔다. 그에 따라 사람들은 사회적인 지위를 가진 사람이나 그런 지위를 가진 것처럼 보이는 외형을 가진 사람의 말을 잘 들을 준비가 되어 있다.

예를 들어 질서가 없고 혼란스러운 상황에서는 정장차림의 옷을 한 사람이 나서서 질서를 바로잡아야 사람들이 잘 따른다. 옷차림이 권위가 있는 것으로 보이기 때문이다. 변호사나 사업가들이 배기량이 큰 고급자동차를 사는 이유도 마찬가지다. 내 경우도 교수생활 초기에는 상아탑의 자유를 만끽하고 싶은 마음에 '교수가 강의를 잘하는 게 중요하지 옷차림이 대수인가?'라고 생각한 적이 있었다. 그러나 지금은 강의를 할 때만큼은 반드시 정장에 넥타이를 고수하고 있다.

7. 상대의 몸을 따뜻하게 해주기

내 제자 중에 대학병원의 민원부서에 근무했던 최박사의 말에 의하면 화가 날대로 난 민원인들을 사무실에서 응대할 경우에 맨 처음으로 하는 대응은 따뜻한 물 한잔을 대접하는 것이라고 한다. 따뜻한 물을 먹고 따뜻한 자리에 앉은 민원인들은 몸이 따뜻해지면서 더 친절해지고 관대한 사람으로 변하기 때문이다. 이 얘기를 듣던 어떤 학생은 "무더운 여름에도 따뜻한 물을 주나요?"라고 물어본다. 음, 땀을 뻘뻘 흘리는 상대에게는 찬 물을 주는 게 낫겠다.

상대가 수용하기 곤란한 제안을 하는 경우라면 상대가 점심을 먹은 이후에 하는 게 좋다. 곧은 배를 채운 상대는 육체적으로 포만감을 느끼게 되므로 그때 제안을 하게 되면 승낙을 받을 가능성이 높아진다. 이런 경향은 이스라엘에서의 연구에 의해 확인된다. 가석방 승인결정을 하는 판사들은 점심식사 이전에 비해 점심식사 후에 범죄자들에게 훨씬 더 관대한 결정을 내렸다.

8. 상대를 오른쪽에 두기

협상장에서의 자리배치에 따라서는 상대에 대한 인상이 달라질 수 있다. 통상 내 시선에서 오른쪽에 위치한 상대는 더 커 보이고 자연스럽게 호감을 유발한다. 상대의 호감을 얻고 싶다면 상대의 시선에서 오른쪽에 위치하도록 자리하면 된다. 만약 책상을 사이에 두고 맞은편에 앉는 상황이라면 서로 오른쪽 대각선 방향으로 마주 앉으면 좋은 인상을 가지고 협상을 진행할 수 있다. 이는 이른바 '심리적 숫자배열이론'에 근거한 것이다. 이에 따르면 우리는 어려서부터 숫자를 왼쪽에서 오른쪽으로, 작은 수에서 큰 수로 배열해 왔기 때문에 자신의 시선에서 왼쪽에 있는 사람은 더 작게 무시하는 쪽으로, 오른쪽에 있는 사람은 더 크게 선호하는 쪽으로 보인다는 것이다.

그런 사정은 고위직들의 의전배치에도 적용된다. 하급자는 상사의 왼쪽에 위치하는 게 원칙이다. 상급자를 수행하는 비서들을 보면 항상 상급자의 왼쪽에서 뒤로 반보 정도에 위치하는 것을 발견할 수 있다. 만약, 상대의 관대함을 기대하고 무언가를 부탁할 상황에서는 그의 왼쪽에 위치하도록 하자.

9. 아래에 위치하기

심리학자들의 연구결과에 의하면 사람은 자신이 상대보다 높은 위치에 있을 때 더 너그러워진다. 예컨대, 연구원이 실험자들을 강당 높은 위치, 연구원과 같은 수평위치, 강당 낮은 위치에 각각 앉게 하고 설문작성을 부탁하는 경우에 가장 오랜 시간 동안 많은 도움을 준 실험자들은 강당 높은 위치에 있던 실험자들이었다. 내가 변호사시절 고소취하를 받아내기 위해 고소인 앞에서 무릎을 꿇었던 것처럼 상대에게 무언가를 부탁하거나 용서를 구할 일이 있으면 상대보다 아래에 위치하도록 하자.

소 통 의 TIP

1 가급적 직접 만나서 협상하라

협상가들에게 가장 효과적인 소통수단(직접대면 〉 영상통화 〉 통화 〉 이메일 〉 문자)은 상대로부터 많은 정보를 얻을 수 있고, 상대와 감정적인 교류가 가능하며, 최대한 의사소통의 오류를 피할 수 있는 방식이어야 한다. 만약 불가피하게 이메일이나 문자를 써야한다면 친근한 감정을 담은 글로 윤활유를 입혀라. 여성은 남성에 비해 소통수단에 특히 민감하다는 것을 잊지 마라.

2 기록을 조심하라

문자나 이메일로 소통을 해야 할 경우에는 후회할 일을 절대 하지 마라. 그것들은 한번 기록으로 남겨지면 두고두고 발목을 잡을 수 있다. 감정적이거나 무례한 내용을 함부로 쓰다보면 나중에 뒷감당을 하기 어렵다.

제6장

신뢰가 기본이다

"신뢰는 삶의 접착제입니다. 효과적인 커뮤니케이션을 위한 가장 필수적인 요소입니다. 모든 관계를 유지하는 기본 원칙입니다."

– 스티븐 R. 코비(Stephen R. Covey)

수사를 잘해서 유명세를 탄 특수통 검사가 있었다.[25] 그의 특기는 피의자로부터 자백을 많이 받아내는 것으로 알려져 있다. 기자가 그에게 자백을 잘 받아내는 비결이 뭐냐고 묻는다.

"피의자에게 다른 범죄 혐의들을 들이밀며 위협하는 건가요? 혹은 부모 · 자식은 물론 친척들까지 탈탈 털겠다고 협박하나요? 아니면 증거를 완벽히 확보해서 피의자가 자백하지 않을 수 없도록 빈틈을 주지 않는 건가요?"

"자백해 달라고 두 손 모아 싹싹 비는 거죠."

검사는 웃으면서 농담으로 응수한다. 한두 차례 더 가벼운 농담이 이어지다가 검사의 입에서 본래 하고 싶은 말이 나온다.

"피의자로부터 신뢰를 얻는 것이 중요해요. 피의자는 검사가 자신을 무자비하게 짓밟으려 한다고 생각하면 자백을 쉽게 하지 않을 겁니다. 검사가 사심 없이 법과 원칙에 따라 제대로 수사한다는 믿음을 보여줘야 피의자도 자백할 마음이 생기는 것이죠."

우리가 여러 얘기를 하고 있지만 성공적인 협상을 위해서 가장 필요한 것은 당사자 사이의 신뢰다. 신뢰는 인간관계의 가장 기초가 되는 것이고 일을 성공적으로 진행하기 위해서 반드시 필요한 것이다. 상대를 탐구하고 그로부터 호감을 얻기 위해 노력하는 행위들은 모두 결국에는 상대와 신뢰관계를 구축하기 위한 것이다. 사례의 경우처럼 신뢰는 검사와 피의자라는 적대적인 관계에서도 필요하다. 미국과 달리 우리는 아직 '플리바게닝Plea Bargaining'제도[26]가 도입되고 있지 않지만, 그들도 서로의 필요에 따라서는 얼마든지 협조적인 관계가 필요하고 그 중심에 있는 것이 신뢰다.

신뢰는 본격적인 협상의 문으로 들어가기 위한 초석이다. 만약 상대가 우리를 신뢰하지 않는다면 상대는 협상자체를 시도하지 않을 것이다. 협상에 있어서 신뢰가 중요한 이유는 반대의 경우를 생각하면 잘 알 수 있다. 우리가 상대를 신뢰하지 않는다면 상대를 알아가기 위해서 많은 시간과 에너지, 돈을 써야 한다. 그만큼 거래비용이 증가한다. 신뢰의 부재는 사회 전반으로 문제를 발생시킨다. 프랑스에서 실시한 연구에 의하면 사회구성원 사이의 신뢰가 감소할 경우에 국민총생산GDP과 고용률 통계가 감소하는 결과가 나왔다.

인간관계에서 신뢰가 중요하다는 것은 '메신저 효과'로도 설명된다. 이에 따르면 상대를 설득하는 데 있어서 전달하는 메시지의 내용보다 메시지를 전달하는 메신저에 대한 신뢰와 호감이 더 결정적인 영향을 미친다. 우리가 똑같은 부탁을 받더라도 상대가 누군지에 따라 승낙하기도 하고 거절하기도 하는 것과 마찬가지다. 결국 협상의 성공여부는 신뢰가 핵심이라는 것을 알 수 있다.

솔직한 태도에서 신뢰가 생긴다

▼

"신뢰란 뒷받침도 없이 담보도 없이 상대를 믿는 것, 배신당할 가능성이 있어도 상대를 믿는 것이다." - Alfred Adler -

본래의 모습으로 협상에 임하라

신혼시절 얘기다. 어느 부부나 그렇듯이 우리 부부도 향후 편안한 결혼생활을 위해 기싸움을 한 적이 있다. 나 역시도 성격이 강한 각시에 맞서기 위해서 어깨에 힘을 주고 소리를 높이기도 했다. 어떤 때는 싸우다가 강한 척 보이려고 TV리모컨을 던지기도 했다. 각시가 어떻게 나왔을까?

그녀는 눈 하나 꿈쩍도 안 했을 뿐 아니라 TV를 넘어뜨리면서 더 강경하게 나왔다. 나는 후회막심 했다. 그녀와의 결혼을 후회한 것이 아니라 괜히 오버해서 리모컨을 던진 것을 자책했다. 다행히 리모컨이나 TV가 부서지지는 않았다.

경쟁적이고 강한 상대와 협상을 할 때 그에 맞서서 나도 강한 모습을 보여주어야 할까? 아니면 본래의 내 모습을 보여주어야 할까? 우문이다. 당연히 내 본연의 모습을 보여주어야 한다. 경쟁을 싫어하는 사람이 겉으로 강한 척해보아야 협상에서 최선의 결과를 얻을 수는 없다. 내가 아닌 다른 모습으로 상대를 대하다 보면 평상시보다 더 많은 에너지를 쓰기 때문이다. 그러다 보면 집중력과 판단력이 흐려지고 상대에 집중하지 못하는 바람에 적절한 대응을 못하게 된다. 만약 상대가 내 스타일을 알고 있다면 속으로 비웃을 수도 있다. 내가 성격이 강한 각시에 맞서서 내 의견을 관철시킨 경우는 각시의 온갖 성질과

잔소리를 받아내면서 차분하게 내 의견을 피력하는 때다.

미국의 협상전문가인 제임스 프로인트James C. Freund 변호사는 그의 저서『합병의 해부학』에서 “누구에게나 자신만의 협상스타일이 있다. 최악의 실수는 스스로 편하게 느껴지지 않는 협상기술을 사용하는 것이다. 상대에게 분명히 전달되는 진실함이 만들어내는 신뢰성은 훌륭한 협상가의 가장 중요한 자산이다.”라고 했다. 실제 협상에서는 상대가 어떤 스타일이냐에 따라 그에 맞추어 유연한 대응도 하고 때로는 협상의 기술도 쓸 필요가 있겠지만 가장 중요한 점은 내 진짜 모습에 충실해야 한다는 것이다.

솔직한 태도

1873년 미국의 철강왕 앤드루 카네기는 심각한 불경기에 경영상의 어려움을 겪게 된다. 긴급히 사업자금을 마련해야 하는 상황에서 동업자인 JP모건에게 자신의 사업지분을 팔기로 했다. 카네기는 원래 지분 5만 달러에 그동안 오른 가치 1만 달러를 더해 6만 달러를 요구했다. 모건은 카네기의 요구액만 지불하고 거래를 끝낼 수 있었다. 하지만 모건은 지분가치가 이미 2만 달러 이상 올랐다는 사실을 알고 있었기 때문에 카네기에게 7만 달러를 주었다. 모건의 정직함에 큰 인상을 받은 카네기는 이후 평생 그와 의리를 지키며 굳건한 사업파트너 관계를 이어간다.

솔직한 태도에서 신뢰가 쌓인다. 치열한 경쟁이 펼쳐지는 자본주의 정글에서 그런 태도는 너무 순진한 것 아니냐고? 그렇지 않다. 협상과정에서도 정직이라는 사회의 도덕률을 따라야 상대의 신뢰를 얻을 수 있다. 그것은 너무나 자명한 이치다.

우리나라에서 윤리경영의 대표주자는 유한킴벌리 회사다. 그 중심에는 문국현 사장이 있었다. 그는 1995년 사장이 된 이후 전체 회사 차원에서 윤리경영을 선포한다. 과거부터 관행화되어 있던 기밀 판공비를 철폐하고 거래업체와의 리베이트를 없앴다. 영업사원들에게는 거래처 담당자들에 대한 술, 골프접대를 금지시켰다. 처음에는 기존 거래처의 20% 정도가 떨어져 나갔다. 그러나 그 뒤 업계 전반에 이 회사의 제품가격에는 리베이트나 접대비 등이 포함되어 있지 않고 오직 제품의 품질로만 승부하는 정직한 회사라는 기업이미지가 퍼지면서 동종 업계 최고의 경영성과를 낸다. 각종 윤리경영대상, 존경받는 기업인, 대학생들이 가고 싶은 회사 1위 선정 등은 후속 결과다.

기업들이 정직하다는 회사 이미지를 얻기 위해서 많은 돈을 지불하고 광고를 하는 데는 다 그만한 이유가 있다. 그들은 대중에게 그런 긍정적인 이미지를 각인시키면 사업에 유리하다는 것을 잘 알고 있기 때문이다. 최근 소비자들이 SNS를 통해 알려진 착한 업주의 음식점에 "돈쭐 내러 가자"는 반응을 보이는 것도 좋은 사례다.

상대를 설득하고 싶으면 먼저 자신의 단점을 인정하는 것으로부터 시작하자. 먼저 단점을 인정하면 솔직한 태도로 인해 상대의 신뢰를 얻게 되고 상대는 내 주장을 우호적으로 검토한다. 이 방식은 다양한 분야에서 효과를 발휘한다.

상대 후보자를 치켜세우는 내용으로 연설을 시작하는 정치인은 더 많은 표를 얻을 수 있다. 정책을 발표하면서 "이 정책은 이런저런 문제가 있을 수 있습니다. 하지만, 이런 장점이 있습니다."라고 단점을 드러내놓고 시작하면 정책에 대한 신뢰도는 높아진다.

솔직한 태도는 법원의 재판에도 효력이 있다. 실험에 따르면, 검사가 언급하기 전에 변호사가 먼저 피고인의 사소한 약점을 말하는 경우에 배심원들은 변호사의 말을 더 믿을 수 있다고 평가했고, 평결에서도 우호적인 결정이 나올 확률이 크다.

공직이나 기업의 인사채용 과정에서도 마찬가지다. 제자들을 위해 추천서를 써 주어야 할 경우에는 그들의 약점이나 부족한 점을 먼저 밝히고 나서 긍정적인 면모를 써 주는 게 좋다. 자신의 이력서를 쓸 경우에도 사소하지만 취약한 부분이 있다면 먼저 솔직하게 밝히는 것이 좋다. 채용담당자들은 그런 내용의 추천서나 이력서를 더 솔직한 것으로 평가하기 때문이다.

감정의 공유

▼

신병교육을 마치고 부대배치를 받고서 2주일 정도 지난 시점이었다. 중대장실 앞을 지나던 나는 중대장이 소대장들을 구타하는 것을 목격했다. 당시는 구시절의 악습을 통칭하는 소위 '쌍팔년도 군대'의 대표적 악습인 구타를 없애자는 얘기가 군대에서 수없이 강조되는 시기였다. 군대에서 구타가 없어지나 하고 순진하게 생각하고 있던 차에 전입한 부대에서 그런 현장을 목격하니 내심 당황스러웠다.

그 무렵 중대장은 갓 전입해 온 나를 불러 부대생활에 잘 적응하고 있는지 확인하는 전입병 상담시간을 가졌다. 나는 중대장에게 "간부들이 병사들에게는 구타를 하지 마라고 교육을 시키면서 중대장님이 소대장을 구타하는 것을 보고 많이 놀랐다."라고 얘기했다. 중대장은 내 얘기를 듣고 자못 당황스러워했다. 자신의 행위를 내게 들켜서기도 했겠지만 이제 갓 전입해 온 신병으로부터 그런 얘기를 듣는 것이 황당했을 법도 했다.

나는 기왕 솔직히 얘기한 김에 한 가지 부탁을 했다. "생각할 틈도 없이 정신없이 돌아가는 신병 생활이 답답하다. 주말에 집에 외박을 다녀오면 마음을 다 잡고 군 생활을 잘할 수 있을 것 같다." 중대장은 순순히 내 부탁을 들어주었다.

차분한 태도로 감정을 숨기는 경우와 자신의 감정을 솔직히 드러내는 경우 둘 중에 어느 쪽이 협상에 유리할까? 약간은 고민이 되는 질문이기도 하지만 그리 어렵진 않다. 스스로 자신의 감정을 통제하지 못하는 예외적인 경우를 제외하고는 아이들처럼 감정을 솔직히 드러내주는 것이 협상에 도움이 된다. 내가 중대장에게 했듯이 말이다. 내 행동은 당시의 군대분위기에서 이례적이긴 했지만 솔직한 감정표현으로 중대장의 마음을 흔들었기 때문에 원하는 것을 얻을 수 있었다.

당시의 내가 협상의 고수는 아니었지만 정말 유능한 협상가들에게서 발견할 수 있는 특징 중의 하나는 자신의 감정을 능수능란하게 표현함으로써 협상의 상황을 자신에게 유리하게 이끈다는 것이다. 그들은 상대에 대해 좋아하거나 감사하는 마음을 숨김없이 표현하며, 실망하거나 싫어하는 마음도 솔직하게 드러낸다. 상대의 감정 상태를 잘 파악하고 서로가 감정적으로 교감할 수 있도록 호응을 잘해준다.

감정을 활용하는 협상가들의 기술 중에 '플린칭 기법'이 있다. 플린칭flinching은 '깜짝 놀라다'라는 뜻으로 협상에서 상대의 요구에 '과한 반응'을 보여줌으로써 협상에서 유리한 위치에 서려는 전략을 말한다. 이런 방식은 미국의 트럼프 대통령이 잘 활용한다. 그는 2018년 북한 김정은과의 회담을 위해 그에 대해 명석하다거나 스마트하다는 표현으로 기분을 띄워주다가도 상대가 원하는 대로 움직여주지 않으면 자신의 실망감이나 아쉬움, 슬픔, 분노의 감정을 서한을 통해 공개적으로 드러낸다. 이를 상대하는 김정은은 트럼프를 어떻게 대해야 할지 혼란스러워하다가 전략적인 대응을 못하고 협상의 주도권을 트럼프에게 내줄 수밖에 없었다.

정보의 공유

▼

우리나 미국이나 구매자 입장에서 중고차 거래를 꺼리게 하는 요소는 해당 자동차가 사고이력은 없는지, 중대한 정비이력은 없는지 등의 정보를 정확히 알 수 없기 때문이다. 그런데 미국의 자동차 중개업체 카맥스Carmax는 중고차 정보에 관한 이전의 관행을 바꾸는 방법으로 사업에 뛰어들어 미국 경제지 포춘지 선정 500대 기업에 오르는 성공을 거둔다. 카맥스의 매장에는 미리 자료를 찾아보지 못하고 온 고객이 언제든 사용할 수 있는 컴퓨터가 비치되어 있는 것으로 유명하다. 그들의 사명은 다음과 같다.

"우리는 고객들이 충분한 정보를 가진 상태로 거래하기를 원한다. 우리는 철저한 투명성을 추구한다."

카맥스의 경우처럼 협상에서 자신이 가진 정보를 선제적으로 공개하는 것은 다음의 두 가지 점에서 협상의 성공에 도움이 된다. 첫째, 정보를 제공받은 상대에게 문제를 협조적으로 해결하려는 사람이라는 인상을 준다. 반면에 정보를 숨기는 사람에 대해서는 의심을 가지고 견제하게 된다. 둘째, 상대 역시도 자신이 가진 정보를 기꺼이 공개함으로써 서로 간에 열린 자세로 대화할 수 있는 분위기가 조성된다. 정보의 공개가 신뢰로 이어지고 그것은 다시 협상의 성공으로 이어지는 것이다.

정보공개의 선순환을 이해하는 데는 우리나라 노사관계만큼 좋은 사례도 없다. 노사관계가 협조적인 회사는 회사가 노동조합에게 회사의 경영상황을 충분히 공유하는 회사다. 회사의 상황을 뻔히 아는데 노동조합이 회사를 상대로 과도한 요구를 하고 무리한 투쟁을 하지는 않는다. 그에 반해 대립적·투쟁적인 노사관계에 빠져있는 회사는 회사가 기업의 정보를 내놓고 있지 않는 경우다. 회사는 노동조합을 믿지 못해서 정보를 내놓지 않고, 그로 인해서 노동조합은 회사를 신뢰하지 못하고 과도한 요구와 투쟁을 한다. 서로 불신의 늪에 빠지는 것이다.

회사가 노동조합을 신뢰한다면 다시 협조적인 노사관계로 진입할 수 있다. 그러나 우리나라의 대부분의 경영자들은 태생적으로 노동조합을 싫어하고, 먼저 회사의 정보를 공개하지 않는다. 그들이 유일하게 회사의 정보를 공개할 때는 회사의 상황이 최악인 경우다. 그때는 이미 공개하거나 안 하거나 어렵긴 마찬가지이고 공개를 해도 회사의 상황이 나쁘니 근로자들의 요구를 들어줄 수 없다. 근로자들도 회사가 어려우니 무리한 요구를 하지도 않을뿐더러 오히려 회사가 그러한 상황을 알려주고 노동자들의 양보를 요구한다. 이는 신뢰의 선순환이 아니라 위협에 불과하다.

신뢰의 선순환을 전형적으로 보여준 예는 문국현이 사장으로 있었을 때의 유한킴벌리다. 1998년 IMF 시기임에도 문국현 사장은 다른 회사와 달리 근로자들을 전혀 해고하지 않았고, 노동조합과의 임금협상에서는 근로자들의 사기진작을 위해서 임금을 인상해주고자 했다. 그에 대한 노동조합의 대응은 회사의 상황과 당시의 경제위기 상황을 고려하여 임금인상을 자제하는 것이었다. 신뢰의 선순환이 빚어낸 진풍경이었다.

협상과정에서 정보를 공개할 경우에 어느 정도 수준에서 공개하는 것이 좋을까? 정보공개가 협상에 도움이 될지라도 협상인 이상 내가 가진 정보를 모두 공개할 수는 없을 것이다. 정보공개에 따른 유·불리를 어느 정도는 따져보고, 정보공개의 효과를 생각한다면 최소한 자신이 편하게 느껴지는 수준보다는 더 많이 공유하는 것이 좋다.

점진적 접근

▼

노동조합 상근 변호사를 그만두고 여의도에서 변호사 사무실을 운영할 때의 일이다. 여의도는 지역 특성상 은행과 증권사들이 많고 그 직종에는 여성 근로자들이 많이 근무한다. 그녀들은 월 1회 생리휴가를 쓸 수 있는데, 지금은 무급으로 변경되었지만 당시에는 유급이었다. 지역에서 만나는 사람들의 얘기를 들어보니 대부분 생리휴가수당을 무급으로 알고 있었고, 회사에 이를 청구할 생각조차 못하고 있었다.

나는 노동법 전문가로서 이 문제를 기획소송으로 만들면 돈을 좀 벌 수도 있겠다는 생각이 들었다. 하급심 판결과 자료들을 조사해서 제안서를 만들었다. 금융권 노동조합의 법률담당 간부들에게 전화를 돌리고 팩스를 보내서 "생리수당은 유급이니 그동안 받지 못한 수당을 청구해 보자"는 제안을 했다. 그들이 내 제안에 대해 "그동안 모르고 있었던 내용을 알려줘서 고맙다. 소송을 맡길 테니 잘 부탁한다."라고 했을까?

천만의 말씀이다. 자기들과는 잘 알지도 못하는 사람이, 특별히 누구의 소개를 통해서 연락을 한 것도 아닌, 그것도 직접 대면도 아니고 전화를 해서 그런 제안을 하는 낯선 변호사에게 소송을 의뢰하는 사람은 없었다. 나중에 알고 보니 그들은 내가 준 자료를 가지고 다른 변호사들을 선임하여 대규모로 소송을 진행하고 있었다. 남 좋은 일만 시켜준 꼴이 되었다.

모든 일에는 순서가 있다. 상대의 마음의 문을 열고 상대를 내 영역으로 끌어들여야 하는 협상에서는 점진적인 접근이 중요하다. 개인적인 관계에서 뿐만 아니라 사업적인 분야에서는 특히 더 그렇다. 나처럼 일의 효율성을 중시하는 업무지향성 스타일이라면 특히 더 필요하다.

협상을 원활히 진행하려면 본격적인 제안을 하기 전에 먼저 상대와의 인간적인 소통을 통해 마음의 문을 열고 서로 호감을 나누며 신뢰관계를 형성해야 한다. 어느 정도 신뢰를 얻은 연후에 제안을 해야 상대가 수용할 가능성이 높아진다. 협상을 하는 과정에서도 매 시점마다 혹은 만나는 상대마다 나와의 신뢰정도를 확인하고 언제 제안을 해야 좋을지 생각을 해봐야 한다. 일의 순서를 생각하지 않고 성급히 일을 추진하다가는 내 경우처럼 실패할 가능성이 많다. 내 전화를 받은 상대는 아마도 '좋은 정보 알려줘서 고마워. 하지만 내게는 이미 신뢰할 만한 변호사가 있어.'라고 생각했을 것이다.

처음부터 너무 속도를 낼 경우 상대는 자신을 존중하지 않는 것으로 생각하고 협상과정 자체에 불안을 느끼게 된다. 연인관계에 이르는 과정을 보면 잘 알 수 있다. 상대가 아직 마음의 준비가 안 된 상태에서 섣불리 관계를 진전시키려다가 관계가 멀어지는 경우를 종종 볼 수 있듯이 말이다.

또한 사업상의 거래에서는 인간적 소통 없이 협상을 진행할 경우에 자칫 숫자와 관련해 협상이 교착 상태에 빠지면 더는 나눌 이야기가 없게 된다. 양측이 공유하는 추억이나 함께 한 경험이 없기 때문이다.

4단계 협상전략

점진적으로 일을 진행해 보자고 얘기하는 김에 내가 이 책에서 얘기하고자 하는 협상전략의 대강을 설명하는 게 좋겠다. 4단계 협상론으로 명명해 보자.

① 1단계: 최상의 협상능력을 갖추기

협상을 잘하기 위해서는 우선 자신이 최상의 협상능력을 갖추어야 한다. 우리 스스로 협상을 통해서 무언가를 얻으려는 강한 욕구가 필요하고, 그에 따른 협상의 목적을 분명히 한 후에 여러 가지 협상을 잘하기 위한 능력을 갖추어야 한다.

② 2단계: 상대의 마음의 성을 허물기

실제 협상을 통해 목적을 이루는 데 있어서 가장 손쉬운 방법은 상대 스스로 움직이게 하는 것이다. 상대의 감정을 협상의 문으로 들어오게 할 수 있으면 이미 반 이상은 성공의 길로 가는 것이다. 상대를 탐구하고 상대의 마음을 협상의 문으로 인도하고, 그것을 방해하는 부정적인 감정이나 인식을 허물 수 있으면 상대 스스로 우리 쪽으로 넘어올 수 있다.

③ 3단계: 상대 스스로 생각을 바꾸게 하기(제7장)

개방형 질문이나 노대화법을 통해서 상대 스스로 자신의 제안이나 의견에 문제가 없는지 성찰하게 함으로써 상대가 우리 쪽으로 움직일 수 있도록 한다.

④ 4단계: 상대의 움직임을 공략하기(제8–9장)

상대 스스로 움직이지 않는 경우라면 우리의 제안이나 의견을 상대가 수용할 수 있도록 적극적인 방법을 써야 한다. 기준을 활용하거나 창의적인 대안을 통해 협상을 성공으로 이끌어낸다.

제7장

상대를 움직이게 하는 10가지 방법

"결과에 집중해서 결과를 얻는 것이 아니다. 결과를 가져오는 행동에 집중함으로써 결과를 얻을 수 있다."

– 마이크 호킨스(Mike Hawkins)

'예스' 대화법

▼

"'아니요'라는 반응은 극복하기 매우 힘든 장애물이다. 어떤 사람이 '아니요'라고 말하는 순간 그의 자존심은 일관성 있는 사람이 되도록 요구한다." - H. A. Overstreet, 『인간행동에 영향을 미치는 방법』-

현명한 엄마가 말썽 부리는 아이를 훈계하는 방법을 보자.

"(… 때문에)네 기분이 … 하는구나?"

"예"

"엄마가 너 사랑하는 거 알지?"

"예"

"엄마가 너에게 나쁜 일을 시킬 거라고 생각하지는 않지?"

"예"

"훌륭한 사람이 되려면 이런 일도 해야 하는 거 알지?"

"예"

이 방식은 설득의 원리 중에 일관성의 원리를 사용한 것이다. 이런 방식에서 알 수 있듯이 상대로부터 '예스'를 이끌어 내는 대화로 시작할 경우에 상대는 계속해서 긍정적인 답변을 이어갈 것이고, 결국에는 내 제안에 동의할 가능성도 많아진다. 따라서 상대와의 대화 초기에는 가능한 한 긍정의 답변을 이끌어낼 수 있는 질문을 많이 사용해서 상대가 긍정적인 분위기에서 벗어나지 않도록 관리해 주는 것이 중요하다. 반면, 대화초기에 상대가 '노'라는 반응을 보일 경우에 그것을 되돌리기는 쉽지 않다.

이와 같은 대화법은 고대 아테네의 철학자 소크라테스가 사용한 문답법으로 알려져 있는데, 그는 상대가 '예스'를 할 수밖에 없는 질문을 계속해서 던짐으로써 상대 스스로 자신의 논리를 수정하고 그의 논리를 받아들이도록 만들었다.

한편, 상대로부터 '예스'를 이끌어 내는 대화법이 유용한 방식이기는 하지만 다음과 같은 문제도 있으니 주의하도록 하자.

첫째, '예스'는 진정한 동의의 의미로 사용하는 게 일반적이지만 가식적인 표현으로 하는 경우도 있다. 상대의 예스가 단지 '당신이 그런 말을 하고 있군요.'라는 정도의 의미만을 가지는 경우에 그것은 협상의 진전에 도움이 되지 않는다. 상대는 나와의 관계를 해치지 않는 수준에서만 대화를 하고 있을 뿐이므로 협상을 진전시키고자 한다면 상대의 미소 너머에 있는 진정한 욕구를 찾아내기 위한 노력을 기울여야 한다.

둘째, 예스를 활용한 협상법은 자신의 논리나 의지로 상대를 설득하려는 전술이다. 만약 상대가 이러한 상황을 알아차린다면 상대는 그 흐름에 빠져들지 않기 위해서 방어적인 태도를 취하게 될 것이다. 따라서 이 방법을 사용할 때는 상대의 긍정의 답변을 너무 빨리 요구해서는 안 된다. 상대가 내 논리에 자연스럽게 빠져들게 해야 한다.

'노' 대화법

▼

게임에 중독된 아이를 설득하는 방법으로 예를 들어보자. 이 경우 예스를 이끌어내는 대화법의 설문은 다음과 같다.

"게임이 재미있지?"

"게임을 많이 하면 공부할 시간이 없겠지?"

"엄마아빠와도 사이가 좋지 않겠지?"

"그럼 게임시간을 줄여야 하지 않을까?"

반면에 아이로부터 '노'를 이끌어 내는 대화법의 설문은 다음과 같다.

"게임에 중독되고 싶지?"

"공부 못하는 아이가 되고 싶지?"

"친구들에게 무시당하고 싶지?"

"엄마아빠와 매일 싸우고 싶지?"

"그럼 어떻게 해야 할까?"

두 가지 대화법 중에 어떤 방식이 더 효과적일까? 아이의 '노'를 이끌어 내는 방식이 상대적으로 더 효과적이다. 이를 입증할 수 있는 연구[27]도 있다. 미국의 정당은 지지자들의 후원금으로 운영되므로 후원금 모금은 정당의 중요한 일이다. 어떤 정당에서 지지자들에게 후원금을 모금하는 전화를 한다. 이때 상대로부터 예스를 이끌어내는 대본을 사용하는 경우와 노를 이끌어내는 대본을 사용하는 경우를 실험했는데, 후자가 23% 이상 더 많이 모금하는 결과가 나왔다.

상대에게서 '노'를 이끌어 내는 대화법에는 두 가지 장점이 있다.

첫째, 상대에게 노를 할 수 있는 기회를 줌으로써 상대에게 선택의 기회를 부여해 준다. 이 방식은 예스를 이끌어 내는 대화법에 비해 강제성이 덜하다. 자율성을 부여받은 상대는 여러 선택지에 대해서 합리적인 판단을 할 여유가 생긴다.

둘째, 상대의 손실회피성향을 자극한다. 상대는 내 질문을 통해서 제안을 거부할 때 발생하는 여러 부정적인 면모들을 확인하게 되고, 그것을 회피하는 방안으로 내 제안을 수용할 경우에 얻을 이익에 대해서도 생각해 보게 된다.

한편, 상대의 분명한 '노'는 본격적인 협상의 시작이기도 하고, 궁극적으로 긍정의 대답을 얻어내기 위한 대화기술로도 사용되지만 상대가 아무런 반응조차 보이지 않는 경우라면 협상을 진전시킬 수 없다. 그와 같은 경우에는 어떻게 대처해야 할까?

첫째, 상대가 자신의 의사를 분명하게 표현하지 않는 경우? 이 경우 의도적으로 상대의 감정이나 욕구와 다른 질문을 하면 상대는 본심을 드러낼 수밖에 없다. 예컨대, 노부모의 부탁을 들어주지 않는 자식에게 "당신은 어머님의 건강이 염려되지 않은가 보군요?"라고 물으면 상대는 "아니요. 그게 아니라…"라는 반응을 보일 것이다.

둘째, 상대가 내 제안을 아예 무시하는 경우? 이 경우에는 상대에게 '노'를 유도하는 결정적인 질문을 던지면 된다. 예컨대, "당신은 이 협상에 아예 관심이 없으시군요." 혹은 "당신은 오히려 어머님의 건강악화를 바라는 것 같군요?" 이런 질문은 우리가 먼저 협상을 끝낼 수도 있다는 압력을 행사하는 효과도 있다.

셋째, 온갖 노력을 기울여도 상대가 '노'라고 말하지 않는 경우? 방법이 없다. 그런 상대는 우유부단하거나 스스로 혼란스러워서 결정을 내릴 수 없는 상황에 빠져있으므로 좀 더 기다려주든지 아니면 협상을 끝내야 한다.

개방형 질문

▼

전형적인 갑질의 상황을 하나 가정해 보자. 중소기업에서 열심히 대기업에 물건을 납품했음에도 대기업이 납품대금 결제를 제때 해주지 않는다. 외상거래가 점점 늘어나고 중소기업은 현금이 돌지 않는다. 대기업은 "향후에도 물량배정을 많이 해줄 테니 외상으로라도 계속 거래하자"라고 한다. 현금이 돌지 않아서 회사의 재정 상태는 어렵고, 그렇다고 중요한 거래처인 대기업과 척을 질 수도 없는 상황에서 중소기업의 대응은 어떻게 해야 할까? 이때 현명한 중소기업 사장의 대응은 다음과 같다.

"당신네 기업의 일을 계속하고 싶은데, 저희가 그 일을 어떻게 할 수 있을까요?"

앞서 상대를 탐구하는 방법으로 질문위주의 대화를 얘기한바 있다.

그중 개방형 질문을 통한 대화방식은 상대와 대립하지 않고 부드러운 방식으로 협상하는 데 유용하다.

먼저 위 사례와 같이 '어떻게'라는 개방형 질문을 함으로써 상대의 제안을 부드럽게 거부할 수 있다. 이는 '왜 빨리 결제를 안 해주는가?'라고 상대의 잘못을 간접적으로 지적하는 의미도 있지만, 상대인 대기업에게 현재의 당면한 상황을 함께 해결해야 할 문제로 받아들이게끔 하는 효과가 있다.

그 외에도 다양한 대응법이 있을 수 있다. "제가 어떻게 당신의 요구를 들어줄 수 있을까요?", "우리가 어떻게 이 문제를 해결할 수 있을까요?", "제가 그 제안을 어떻게 진행할 수 있을까요?"

꼭 사고 싶은 물건이 있는데 예산이 부족한 경우를 예로 들어보자. 그 경우에는 "제가 계획한 예산보다 좀 비싸서 그런데… 제가 어떻게 해야 할까요?"라고 말하면 된다. 상대에게 진정으로 도움을 요청하는 태도를 취하면 상호 간에 가격흥정에 따른 직접적인 긴장관계가 조성되는 게 아니라 상대를 내 가벼운 주머니 사정을 해결해주어야 하는 상황으로 끌어들이는 효과가 있다.

다음으로, 상대가 내 제안에 대해서 거부하는 경우에는 "제 제안에 대해서 우려하는 바가 무엇인가요?", "어떤 점이 문제라고 생각하나요?", "제가 어떻게 해주기를 바라나요?" 등의 질문을 통해 상대의 거절의 이유를 알아낼 수 있다.

개방형 질문을 통한 대화의 장점을 정리하면 다음과 같다.

첫째, 부드러운 대화를 통해서 상호 협조적인 대화가 가능하다. 다만, 한 가지 주의할 점은 '어떻게'와 '무엇'을 위주로 사용해야 효과가 있지 '왜'를 사용하는 것은 삼가야 한다. 그 표현은 비난조로 들릴 수도 있어 역효과가 날 수 있다. '왜'는 상대가 자신의 의도에 따라 우리를 유도하려는 경우에 사용하면 유용하다.

둘째, 상대는 개방형 질문에 대한 답을 하면서 자기가 존중받고 있다고 느끼고 자기가 협상의 주도권을 쥐고 있다고 생각한다.

셋째, 개방형 질문을 통해 전체적인 대화의 틀을 구성하고 간접적으로 자신의 생각과 요구사항을 전달할 수 있다.

넷째, 상대에게 강요하는 느낌을 주지 않으면서 상대의 생각과 요구사항을 자연스럽게 내놓게 할 수 있다.

다섯째, 상대 스스로 무엇이 문제인지 깨닫게 함으로써 내가 원하는 방향으로 넘어오도록 만들어 준다. 상대는 기분 좋은 상태로 답변을 하면서 자신의 주장이 문제가 있지는 않은지 계속해서 되돌아보면서 자연스럽게 자신의 불합리한 주장을 철회하고 나의 주장에 가깝게 생각을 바꾼다.

협상시한

▼

협상과정에서 한쪽 당사자가 "늦어도 이번 주 금요일 업무시간까지는 저희가 제시한 협상안에 대한 입장을 밝혀주시기 바라며, 이에 응하지 않을 경우 기존의 계약은 종료될 것임을 알려드립니다."라고 시한을 정하는 경우를 가정해 보자. 이 경우 상대는 정해진 시간 안에 대응을 하지 않으면 손실을 입을 것 같은 심리적인 압박을 받게 된다. 그에 따라 서둘러서 대응을 하다 보면 자신에게 불리한 일을 억지로 하거나 실수를 할 수도 있다.

협상시한을 설정하는 방식은 희소성의 원리를 이용한 협상방식이다. 유능한 협상가들은 상대를 호의적으로 대하다가도 상대의 결정을 압박하기 위해서 이러한 방식을 잘 활용한다.

시한을 활용하는 방식은 다양하다. 영업사원들은 고객들에게 빨리 계약하지 않으면 안 될 것 같은 분위기를 조성함으로써 고객이 직관에 의존해서 빨리 결정하도록 압박한다. "본 내용증명 수령일로부터 2주 이내에 회신하지 않으면 민·형사상 모든 책임을 물을 것입니다."라는 표현은 변호사들이 내용증명우편을 통해 상대를 압박하는 방식이다. 내용증명 수령자들은 대부분 그 기간을 지켜서 회신을 보내는 경우가 많은데, 이는 이미 상대가 활용한 마감시한에 걸려들었기 때문이다. 우리 자신 역시 업무효율을 높이기 위해서 일부러 마감시한을 설정해 놓고 일을 하는 경우가 많다.

협상시한의 작동원리를 안다면 그에 대한 대응은 어렵지 않다. 당사자 일방이 제시한 협상시한은 법적으로 상대를 구속할 힘이 없다. 상대의 협상시한은 아예 무시하거나 상대에게 시한설정의 근거를 물어보는 것도 좋다. 시한은 대개 임의로 정해놓은 경우가 많아서 거의 대부분은 조정할 수 있기 때문이다.

만약 상대가 협상시한을 정한 경우라면 상대가 정한 기한에 휘둘릴 필요가 없다. 상대 역시 심리적인 압박을 위해서 시한을 정해놓은 것에 불과하므로 우리가 거기에 휘둘리지 않는다면 상대는 목적을 달성할 수 없게 된다. 만약, 영업사원들과 제대로 협상하고 싶으면 속도를 늦추고 천천히 움직이면서 머릿속을 점검해 보는 게 좋다. 시한을 정한 내용증명우편을 보내는 변호사 입장에서도 상대가 2주일 이내에 회신해주길 바라지만 회신이 없으면 어떻게 대응할지 고민을 해야 한다. 그리고 실제의 협상에서도 상대가 정한 기한을 어겨서 부정적인 영향이나 결과를 초래하는 경우는 거의 없다.

한편, 협상에 있어서 우리 쪽에 불가피하게 협상시한이 존재하는 경우도 있다. 이 경우 그 사실을 상대에게 알리는 것이 좋을까? 숨기는 것이 좋을까? 상대에게 알리는 게 좋다. 자기 혼자서만 스스로 시한에 얽매이다 보면 스스로 불리한 결정을 할 수도 있다. 협상을 통해 공동의 이익을 추구한다는 관점에서 보면 상대 역시 우리의 협상시한을 알게 됨으로써 좀 더 빨리 협상을 진전시키려 하고 양보도 하게 된다.

손실회피성향이론

▼

회사에서의 임금협상 사례다. 사장은 계속된 불황으로 회사의 경영에 어려움이 있다. 인건비 지출을 줄이기 위해서 직원의 임금을 400만 원에서 300만 원으로 줄이고 싶은데 직원의 반발이 걱정된다. 그 경우 사장은 다음과 같은 방법으로 직원을 설득할 수 있다.

사장: "우리 회사는 지금 당신에게 말도 안 되는 제안을 해야 하는 상황입니다. 저를 무능한 사장이라고 생각할 겁니다. 사업 전망에 어두운 사업가라고 하실 겁니다. 제대로 사업을 할 수 있는 사람이 아니라고 생각하실 지도 모르겠네요. 심지어 제가 거짓말을 했다고 생각하실 수도 있겠네요."

직원: (걱정스러운 투로)"왜 그러세요. 무슨 일 있으세요?"

사장: "예~ 사업이 계획했던 대로 잘 안 되는군요. … 그래도 당신에게 먼저 선택의 기회를 제안하고 싶습니다."

이런 설득방식은 직원의 기대수준을 확 떨어뜨려 놓는다. 직원은 이제 정리해고를 당하는 것보다는 300만 원으로의 임금 삭감안을 받아들이는 것이 더 현실적인 방안이라고 생각할 것이다.

희소성의 원리를 이용한 행동경제학 이론 중에 손실회피성향이라는 게 있다. 이에 의하면 사람은 무엇을 얻는 것에 대한 기쁨보다는 무엇을 잃는 것에 대한 두려움이 훨씬 커서 손실의 위험을 회피하는 방향으로 행동한다는 것이다. 사례에서 사장은 직원에게 회사의 사정이 어려워져서 정리해고를 할 수도 있다는 사정을 과장되게 설명하였고, 직원은 해고라는 더 큰 위험을 회피하기 위해서 자연스럽게 임금삭감안을 받아들일 수밖에 없다.

손실회피성향을 협상에서 활용할 경우에는 상대에게 '만약에 행동하지 않으면 더 큰 손해를 볼 수도 있겠구나.'라고 느끼도록 만들면 된다. 조정의 사례를 가지고 설명해 보자.

먼저, 당사자들의 얘기를 듣고서 조정안을 준비한 후에 당사자들에게 제안을 하는 상황이다. 이때는 조정안을 수락할 경우에 얻을 수 있는 이익을 설명하고, 그에 따라 상대가 떠안을 손해를 강조하는 방식으로 설명한다. 조정절차까지 온 사람들은 여전히 상대에 대한 앙금이 남아있으므로 조정안에 따른 상대의 손해를 강조해 주면 복수의 감정을 충족시켜 줄 수가 있다. 그런 설명에도 당사자가 조정안을 거부하려고 할 경우에는 어떻게 할까? 이때는 방향을 바꾸어 조정안을 거부할 경우에 입게 될 손해를 더 강조해서 설명하고 상대가 그로 인해 얻을 이익을 부각하는 방향으로 설명하면 수용가능성이 높아진다.

그런데 조정은 그리 간단하지가 않다. 여러 과정을 거쳐 막바지 단계에 이른 상황에서 최후의 제안을 하는 경우를 가정해보자. 이때 대개의 조정위원들은 들뜬 표정으로 "자, 이 조건에만 동의하시면 합의할 수 있습니다. 잘 생각해 보시죠"라고 설득을 한다. 그러나 이는 다음의 경우와 비교해 보면 그리 현명한 방식은 아니다. 이 경우에는 "자 이제 거의 합의되었습니다. 이제 이 조건에만 동의해 주시면 돼요."라고 설득하면 당사자가 수락할 가능성이 높다. 그런 표현으로 인해 당사자는 합의된 상황을 전제로 해놓고 자신이 그 조건에 동의하지 않으면 합의에 따른 이익을 잃게 되는 심리에 빠지기 때문이다.

굿캅 배드캅 전술

▼

김과장은 알루미늄 판제를 제조 · 판매하는 중소기업의 영업과장이다.[28] 대학선배의 소개로 대기업의 구매담당인 강부장을 알게 되었다. 김과장은 대기업과의 거래를 트기 위해 수시로 강부장에게 식사와 술을 접대한다. 강부장은 자기 회사에서 새로운 공장을 짓는다는 사실을 알려주고 거래를 틀수 있다는 기대감을 잔뜩 품게 하면서 필요할 때마다 김과장을 불러내서 대접을 받는다. 김과장의 회사는 강부장의 요청에 따라 수시로 설명회도 개최하고, 비용을 들여 시제품을 만들어주기도 하였다. 그런데 어느 날 갑자기 강부장은 이번 공사건에서는 김과장 회사의 제품을 쓰지 못하겠다고 발을 뺀다. 강부장은 이미 다른 회사와 양다리를 걸치고 있었던 것이다. 대기업 직원의 전형적인 갑질이다.

김과장은 3개월간 접대를 위해 자기 돈도 많이 쓰고, 회사는 회사대로 시제품 제작비용을 들인 상태다. 회사에는 조만간 큰 계약을 성사시킬 수 있다고 희망적인 보고까지 해놓았다. 김과장은 절박한 마음으로 재고해달라고 사정해 보았으나 강부장은 정식으로 계약을 맺은 것도 아니라면서 거절한다.

이로 인해 김과장은 무능력하다는 평판은 물론 회사에서 징계를 당할 수도 있다. 어떻게 대응해야 할까?

이런 경우 아직 계약을 체결하지는 않았지만 준비과정에서 대기업 측이 일종의 배신행위를 한 것이므로 손해배상소송을 제기하는 방법도 있다. 그러나 김과장 회사 입장에서는 향후의 사업을 고려할 때 대기업과 법적인 다툼을 벌이는 게 좋은 방법은 아니다. 협상에 일가견이 있는 김과장은 다시 강부장을 만나 다음과 같은 얘기를 하면서 협상을 시도한다. "우리 회사 감사에게 얘기했더니 감사가 그냥 넘어가서는 안 된다고 난리다. 감사는 변호사다. 강부장님네 회사의 대표이사에게 내용증명을 보내려고 준비 중이다. 그 내용증명에는 계약중단에 대한 손해배상 책임을 인정한 대법원 판결도 있다. 우리 감사가 정식으로 내용증명을 보내기 전에 서류를 미리 빼내서 강부장님에게 보여드리는 거다. 이거 어떻게 막을 수 있는 방법이 없을까요?"

강부장이 곰곰이 생각해보니 이 문제로 양쪽 회사 간에 법적 공방이 진행될 경우에 자신의 업무행태와 관련하여 내부적으로 자신이 곤란해질 수도 있겠다는 생각이 든다. 강부장은 김과장에게 "이번 공사 금액 중에 일부를 당신네 회사에 배정해 줄 테니 감사의 행동을 막아볼 수 있겠나?"라고 묻는다. "옙! 제가 어떻게든 막아보겠습니다."

굿캅 배드캅Good cop bad cop 전술은 유능한 협상가들에게는 잘 알려진 전술이다. 경찰이 나오는 영화에서도 종종 그런 장면이 나온다. 먼저, 악당 역할을 하는 배우가 피의자를 큰 소리로 몰아붙이며 조사를 한다. 고함도 지르고 의자를 걷어차기도 하며 공포분위기를 조성한다. 이때 구세주역할을 하는 배우가 나서서 악당을 진정시키면서 피의자를 인수받는다. 그는 피의자에게 커피도 타주고 온화한 말로 회유를 하면서 자백을 이끌어낸다.

이 방법은 악당과 구세주가 앞뒤로 나서면서 피의자에게 혼란을 주고 대비효과를 통해 구세주를 지극히 합리적이고 친절한 사람으로 보이게끔 한다. 피의자는 구세주가 자신에게 호의적으로 대해주는 것에 대해서 왠지 보답을 해야 할 것 같은 압력을 느끼게 된다(상호성의 원리).

협상의 상대가 이와 같은 전술을 쓸 경우에 상대하는 입장에서는 언제나 구세주를 조심해야 한다. 악당은 분위기를 조성하고 최종적인 거래는 구세주가 진행하기 때문이다.

한편 이 전술은 팀을 이루어 진행할 수도 있고 단독으로도 사용할 수 있다. 사례의 김과장도 혼자서 이 전술을 쓰고 있다. 나도 가격협상을 할 일이 있으면 이 방법을 쓴다. "사장님, 제가 이 가격으로 구매하면 집에 가서 각시한테 엄청 혼이 나거든요. 어떻게 좀 깎아주실 수 없나요?"

앵커링 효과와 대비효과

▼

한결은 자신의 특기인 기타 연주를 통해 학비를 벌어 대학을 다니는 친구다. 그가 하는 일은 업계용어로 '세션연주'인데, 가수나 밴드가 음반을 녹음할 때 기타 연주를 해주거나 라이브 공연 때 객원 연주를 해주는 것이다. 중간고사가 얼마 남지 않아 시험공부를 하던 중에 전주를 기반으로 활동하는 밴드의 리더가 전화를 했다. 한 달 후에 자신들 밴드가 공연이 예정되어 있는데, 기존의 기타리스트가 사정이 생겨서 빠지게 되었으니 그 대신 기타 연주를 해주었으면 좋겠다고 한다. 한결은 전화를 끊은 후에 이메일로 자신의 연주 포트폴리오와 연주곡, 보수 등 계약과 관련된 조건들을 요구하였다. 밴드의 리더는 한결이 아직 학생신분이라 그랬는지 업계의 평균적인 보수 수준이나 한결이 종래에 받았던 수준보다 한참 낮은 금액을 제시하였다. 한결은 금액이 터무니없이 낮기도 해서 단호히 거절할 수도 있었지만, 상대가 처한 상황과 감정을 고려해서 "공연과 시험기간이 겹쳐 있어서 나도 기회비용이 크게 발생한다. 그 점을 고려해서 보수를 조정해 주면 좋겠다."라고 했다. 이어서 자신이 원하는 목표액에 30%를 더한 금액을 제시했다. 상대는 예산상의 어려움이 있다고 하였고, 한결은 그에 대해 가용할 수 있는 예산의 한도가 어느 정도인지 물었다. 그와 같은 협상의 과정을 거쳐 최종적으로는 한결이 요구했던 금액에서 30%가 삭감된 금액으로 연주계약을 성사시킬 수 있었다. 한결은 이번 계약을 통해서 단순히 일회성이 아닌 장기적인 관계를 맺기를 원했기 때문에 상대방이 요구하는 금액을 마지못해 수용하는 태도를 취하면서도 자신이 원하는 보수를 받을 수 있었고, 그 후로도 몇 차례 더 연주를 의뢰받을 수 있었다.

자신이 원하는 수준의 결과를 얻기 위해 많이 사용하는 협상전술로는 앵커링 효과(혹은 정박효과)를 활용하는 방법이 있다. 앵커링anchoring이란 행동경제학의 용어로 협상에서 처음 언급된 조건에 얽매여 새로운 정보를 수용하지 않거나 이를 부분적으로만 수정하는 행동 특성을 말한다.[29] 이는 주로 가격협상에서 많이 활용되는데, 협상 시 최초의 가격 기준점을 의도적으로 높게 선점하여 최종 합의점을 최초의 제안에서 크게 벗어나지 못한 지점에서 형성시키는 전술이다.

재판과 관련된 연구에 따르면 앵커링 효과는 형사법정에서도 나타난다. 동일한 사실관계 하에서 검사의 구형량이 높으면 판사의 선고형량도 은연중에 높은 쪽으로 따라가는 경향이 있다. 재판도 결국은 사람이 하는 일이다.

앵커링 효과와 유사한 것으로 대비효과를 활용하는 방법도 있다. 대비효과는 인간의 인식과정을 설명하는 이론이다. 이에 따르면 두 사물이 제시될 경우 나중에 제시된 사물이 처음에 제시된 사물과 차이를 보인다면, 사람들은 나중에 제시된 사물과 처음에 제시된 사물과의 차이를 실제 차이보다 훨씬 크게 인식한다는 것이다. 예컨대, 영화관에서 연인과 함께 매우 아름다운 배우가 등장하는 영화를 보고 밖으로 나왔는데 연인이 그 이전과 달리 별로 매력이 없어 보이는 이유는 대비효과 때문이다. 대비효과가 협상에 활용되는 사례는 많다.

부동산 중개인들은 집을 매수하려는 고객들에게 집을 보여줄 때 그들의 나이대나 성향, 예산 등을 고려하여 가장 선호하지 않을 만한 집들을 먼저 보여준다. 때에 따라서는 실제 매매가 목적이 아니라 단지 보여주기 위한 목적으로 매물을 활용하기도 한다. 고객 입장에서는 선호하지 않은 집을 본 후에 어느 정도 괜찮은 집을 보게 되면 구매하고 싶은 욕구가 급상승하게 된다. 나 역시 현재 살고 있는 집을 구입할 때 그런 과정을 거쳤다. 중개인은 총 4개의 집을 보여줬는데, 먼저 보여준 집들은 하나 같이 우리 나이대의 취향이 아니거나 가격이 너무 비쌌다. 마지막으로 보여준 집은 전에 보여준 집들에 비해서 우리 취향에 딱 맞았고, 너무 멋졌고, 가격도 적당했다.

상품을 판매하는 매장의 영업사원들 역시 대비효과를 활용한다. 유능한 영업사원들의 경우, 먼저 고객에게 저가이면서 품질이 낮은 상품을 몇 개 보여주고 마지막으로 가격은 좀 비싸지만 우수한 품질의 상품을 추천한다. 그러면 고객들은 앞서 본 상품들의 영향('에이, 내가 그 정도의 물건을 살만한 사람은 아니지, 사람을 뭐로 보는 거지?') 때문에 마지막에 본 상품을 선택할 가능성이 크다.

대비효과와 우리의 가벼운 주머니 사정을 생각한다면 쇼핑을 할 때

불필요한 소비는 경계할 필요가 있다. 백화점 의류매장에서 고가의 양복을 구매하기로 결정하였다면, 와이셔츠나 넥타이, 벨트 등의 제품들이 아무리 싸게 느껴지더라도 구매결정은 신중히 해야 한다. 자동차매장에서 멋진 자동차를 구매하기로 결정하였더라도 영업사원들이 권하는 각종 추가옵션을 설치하겠다고 쉬이 호응할 일도 아니다.

상대가 앵커링 효과를 노리고 자신에게 유리한 높은 수준의 제안을 한 경우라면 어떻게 대응을 해야 할까? 내 수업에서는 자기도 동일하게 역으로 앵커링 전술을 쓰겠다는 대답을 한 친구가 있었다. 그러나 이는 진정한 협상의 방식이라 할 수 없다. 홍정 수준의 협상에서는 서로 간에 자존심에 상처를 줄 수도 있다. 앵커링 전술에 대한 대응은 다음과 같다.

첫째, 상대에게 제안의 기준에 대해서 물어보고, 그에 대해 반론의 여지가 있는지 확인해 본다.

둘째, 상대의 제안을 무너뜨릴 수 있는 다른 기준을 제시하여 앵커링 효과를 무력화시킨다.

셋째, 상대의 제안이 아무런 기준도 없으면서 본인에게만 과도하게 유리한 터무니없는 제안일 경우에는 협상의 주제에서 벗어나서 메신저 자체를 공격한다. 예를 들어, “제가 듣기로는 당신은 무리한 제안을 하지 않는 분으로 알고 있는데… ”, “당신은 합리적인 대화가 가능한 분이라고 알고 있었는데… 오늘은 그렇지 않은 것 같군요. 오늘 무슨 안 좋은 일이라도…”

제안의 기술

▼

1. 안건을 다루는 순서

상대와 논의해야 할 안건이 여럿인 경우에 어떤 안건부터 처리하는 것이 좋을까? 당연히 서로 간에 부담이 없고 가볍게 결정할 수 있는 안건부터 처리하는 것이 좋다. 가벼운 안건부터 잘 해결하면 이후의 난제들도 순차적으로 잘 해결될 가능성이 높다. 협상상대를 만나서 본 협상에 돌입하기 전에 다음과 같이 제안해 보자.

"우리, 먼저 다음 협상일정부터 잡고 시작하는 게 어떨까요?"

협상에 능통한 사람은 처음부터 무거운 얘기로 힘을 빼지 않는다.

2. 안건 제안의 순서

협상에서 구체적인 안을 제시해야 할 경우에 누가 먼저 제안하는 것이 협상진행에 도움이 될까? 이 경우는 협상과 관련된 정보를 많이 가진 사람이 먼저 제안을 하고 정보가 부족한 사람이라면 기다리는 게 좋다. 정보가 많은 사람의 제안은 양측에 적절한 기대를 형성할 수 있게 해주는 반면 정보가 부족한 사람의 제안은 협상의 불확실성을 키운다.

한쪽 당사자의 입장에서 얘기하면 협상과 관련된 정보를 최대한 많이 확보하여 선제적으로 제안하는 게 좋다. 먼저 제안하게 되면 앵커링 효과를 누릴 수 있다. 만약, 정보가 충분히 준비되어 있지 않거나 협상의 폭이 너무 넓고 불확실하다면 위험을 줄이기 위해서 기다리는 쪽을 선택하는 게 낫다.

3. 제안의 방법

상대에게 안건을 제안할 경우에는 고려할 게 두 가지가 있다. 하나는 제안의 내용이고, 다른 하나는 제안의 방법이다. 대부분의 사람들은 그중에서 자신의 제안이 적절한지 혹은 과하거나 부족한 것은 아닌지 등의 제안의 내용에 신경을 많이 쓴다. 그러나 협상은 감정이 있는 사람들 사이의 심리게임이라는 것을 잊지 말아야 한다. 그런 점에서 어떻게 제안을 하면 상대의 호감을 얻을 수 있을지, 상대가 어떻게 받아들일지 등에 대해 생각해 보는 것도 그에 못지않게 중요하다. 상대가 제안의 내용을 생각해 보기도 전에 제안 그 자체로 인해서 무례하다거나 신뢰할 수 없는 사람으로 인식된다면 성공적인 협상을 기대하기가 난망해진다.

4. 범위를 설정하여 제안하기

연봉협상에서 고정된 액수를 제안하는 경우와 범위를 설정하여 제안하는 경우에 어느 쪽이 더 많은 이익을 얻을 수 있을까? 이에 대해서는 콜롬비아 대학교 경영대학원의 연구가 있는데, 그에 따르면 범위를 제시한 구직자들이 구체적인 수치를 제시한 구직자들에 비해 전반적으로 유의미하게 더 높은 연봉을 받는 것으로 나왔다. 범위를 설정하는 방식은 구체적으로 다음과 같다. “제가 알아본 바에 의하면 우리 회사에서 저 정도의 역할이라면 대체로 월 500만 원에서 800만 원

정도는 받아야 되는 것으로 알고 있습니다."

이 방식은 다음과 같은 장점이 있다. 첫째, 상대에게 다양한 선택지를 제공함으로써 부드러운 협상이 가능하다. 둘째, 대비효과가 적용되므로 상대는 높이 제시된 가격에 영향을 받을 수밖에 없다. 셋째, 목표가격을 최저 수준이나 그 보다 약간 높은 지점에 설정하는 경우에 손쉽게 목표를 달성할 수 있다.

5. 상대의 첫 제안에 대한 대응

협상에서 상대가 첫 제안을 해온다면 가급적 곧바로 수용해서는 안 된다. 상대가 내게 진정으로 호의를 가지고 하는 제안이 아닌 이상 상대의 첫 제안은 상대에게 유리한 제안일 가능성이 높고 내게는 그다지 최선의 제안이 아닐 거라고 생각해야 한다. 거꾸로 생각해 봐도 내가 상대에게 첫 제안을 하는 경우라면 나 역시 내게 가장 유리한 안을 제시하지 않겠는가?

만약 상대의 첫 제안이 내게 만족스러운 내용이라면 곧바로 수용해도 좋을까? 물론 수용할 수도 있다. 그러나 진정 유능한 협상가라면 충분히 만족스러운 안이더라도 뜸을 들이고 홍정을 한 후에 어렵지만 불가피하게 받아들이는 태도로 수용하는 방법을 취할 것이다. 왜냐하면 상대의 제안을 곧바로 수용하면 상대는 고마워하기보다는 더 얻어내지 못한 것에 대해서 아쉬워할 수도 있고, 자신의 제안이 본인에게 적절한 것이었는지 찜찜한 생각이 들 수도 있다.

몇 년 전 서울에 있는 집을 팔 때도 그랬다. 부동산 시세변화에 둔감했던 나는 전세로 살고 있는 세입자에게 내가 생각했던 가격을 제시하면서 직접 매수할 생각이 있는지 물었다. 세입자는 내 제안에 남편과 의논해 본다고 하더니 그날로 바로 사겠다고 했다. 잔금을 치르기로 한 날 카페에서 만난 세입자 부부는 여러 차례 자신들에게 집을 팔아줘서 고맙다고 하였다. 그러나 그들의 말은 내게 전혀 고맙지 못했다. 찜찜한 기분이 들었는데 역시나 그 무렵 서울의 부동산 시장은 폭등의 길로 들어서고 있었다.

가격협상의 기술

▼

1. 가치를 활용한 가격협상

사람들은 대체로 숫자에 관심을 가지지만 그것에 한정해서 협상을 하는 것은 좋은 협상이 아니다. 가격에 집착하다 보면 자존심을 내세우는 홍정으로 이어져 감정적으로 충돌할 수 있기 때문이다. 제대로 협상을 하려거든 숫자와 관련 없는 가치를 활용하는 것이 좋다. 예컨대, 상대에게 높은 가격을 제시한 후에 상대에게 중요한 별도의 조건을 내세울 수도 있고, 상대가 낮은 가격을 제시한 경우에는 내게 있어 더 중요한 별도의 가치(추가적인 거래나 사업기회)를 요구할 수도 있다. 연봉협상을 예로 들자면, 연봉액수 외에 연간 휴가 일수나 재택근무 등의 비금전적 조건을 지렛대로 활용하여 연봉을 조정할 수 있다.

2. 점진적인 거절을 통한 양보 얻어내기

이 방식은 상대가 협상에서 발을 떼지 않게 하는 선에서 계속해서 상대가 제시한 액수를 거절함으로써 상대의 양보를 얻어내는 것이다. 대체적인 레퍼토리는 다음과 같다.

"제가 꼭 사고 싶지만 어떻게 그렇게 할 수 있겠어요?"

"정말 너그러운 제안이지만 죄송해요. 저한테는 무리인 것 같아요."

"정말 하고 싶지만, 그렇게 할 수는 없을 것 같네요."

"죄송해요. 제가 할 수 있는 방법이 어떻게 없을까요?"

이 방식에서 중요한 것은 상대와 반드시 거래하고 싶다는 의지를 분명하게 표현하되 상대에게 도움을 요청하는 것처럼 공손한 태도를 취해야 한다는 것이다. 또한 그 과정에서 상대의 제안에 대해 직접적으로 싫다고 하는 게 아니라 개방형 질문을 활용함으로써 상대를 자극하지 않는 방식으로 상대의 양보를 이끌어 내는 것이다.

3. 가격흥정에 있어서 애커먼 모형

애커먼Ackerman 모형은 유능한 협상가들이 많이 사용하는 가격 협상법이다. 이 협상법의 핵심은 최초에 목표가격(100%)을 설정한 후에 3번의 수정제안을 통해 최종 목적을 달성하는 것이다. 예컨대, 매수자의 입장이라면 최초의 제안을 목표가격의 65%로 하고, 그 뒤 85% → 95% → 100%로 수정제안을 통해 목표를 달성하는 것이다. 반대로 매도자의 입장이라면 135% → 115% → 105% → 100% 순서이다.

이와 같은 협상은 서로 교차제안이 이루어져야 가능하므로 상대도 내 제안에 대해 역제안을 할 수 있는 분위기를 조성해야 한다. 이를 위해서는 공감능력을 발휘하거나 점진적인 거절의 방식을 활용할 필요가 있다. 또한 최종 금액을 제시할 때는 구체적인 숫자를 사용하거나 별도의 비금전적인 조건을 제시함으로써 상대의 협상의지를 꺾도록 해야 한다.

상대를 다루는 기술

▼

1. 악당 상대하기

협상은 상호 협조적인 관점을 전제로 협의를 통해 공동의 이익을 추구하는 행위이다. 상대가 협조적인 관점으로 나올 경우에는 일반적인 협상의 룰에 따라 협상을 진행하면 된다. 그런데 만약 상대가 속임수를 쓰거나 협박을 하면서 위협적인 태도로 나올 경우에는 어떻게 대응해야 할까?

정답은, 그럼에도 불구하고 자신의 페이스를 잃지 말라는 것이다. 악당을 상대하는 가장 효과적인 방법은 자신이 가진 힘을 믿고 그대로 전진하는 것이다. 그런 사람은 악당에게 휘둘리지도 않고 상대의 협박에 주눅 들지도 않는다. 반면에 상대의 행동을 따라 하는 방식은 자신이 가진 장점을 잃을 수 있다. 상대가 비록 좋지 않은 행동을 보일지라도 열린 마음으로 협상의 기본에 충실히 해야 자신이 원하는 것을 얻을 가능성이 많다. 다만, 그 경우에도 상대를 알려는 노력을 게을리해서는 안 된다. 상대가 왜 그런 행동을 하는지, 상대가 현재 어떤 상황에 처해 있는지, 그의 본래 욕구는 무엇인지 등을 알게 된다면 그를 어떻게 다룰지도 알게 된다. 만약 상대의 행동이 모종의 불안감에 기인한다면 그를 다독이는 노력을 해줘야 한다. 상대가 속임수를 쓸 경우에는 그것을 드러냄으로써 무력화시키고 그런 고약한 행동이 효과가 없다는 것을 보여주기만 하면 된다.

협상을 하다 보면 상대가 말도 안 되는 어이없는 제안을 하는 경우가 있다. 이런 경우 '상대가 나를 뭐로 보고 저러지? 나를 무시하려고 그러나?'라는 생각에 반발심이 생길 수 있다.

그러나 이 경우에도 곧바로 대응할 필요는 없다. 상대는 일부러 그런 방식으로 나를 자극시켜 내 페이스를 무너뜨리려고 했을 수도 있다. 이 경우에는 즉각 다투지 않고 아무런 대답을 하지 않은 채 한 동안 침묵을 유지하는 것이 최선의 방법이다. 그러면 상대방은 '대체 무슨 생각을 하고 있는 거야, 어쩌자는 거지? 협상하기 싫다는 건가? 내가 너무 과했나?'라고 되돌아보면서 스스로 자신의 제안을 수정할 가능성이 많다.

협상에 관한 책을 쓰고 있는 나 역시 실수할 때가 종종 있다. 어제는 불과 며칠 전에 썼던 내용에 대해서까지도 실수를 했던지라 아직까지 자책하는 마음이 가시지 않는다. 인간은 불완전한 존재라는 사실을 새삼 느낀다. 협상의 과정에서도 실수할 때가 있다. 그런데 내가 한 실수에 대해 상대가 나의 약점을 이용해 먹으려고 과도한 요구를 하는 경우에는 어떻게 대응을 하는 것이 좋을까? 이 경우에는 내 쪽에서도 다음과 같은 과장 섞인 반응으로 상대를 무력화시킬 수 있다.

"제가 한번 실수했다고 해서 저를 잡아 죽이시렵니까?"

"제가 물에 빠져 죽기라도 할까요?"

협상은 심리게임의 일종이기도 한데, 협상을 하다 보면 서로 간에 극심한 감정의 충돌이 일어나기도 한다. 스스로 감정적으로 격해지거나 당황스러운 상황에서 자신의 페이스를 유지하기 힘든 상황이라면 어떻게 해야 할까?

이 경우에 협상을 계속 이어가다가는 돌이키기 어려운 실수를 범할 수 있다. 차라리 그런 상황에서는 스스로 작전 타임을 거는 게 좋다. 협상장을 나와서 화장실을 다녀오거나 복도를 거닐면서 감정을 추스르는 시간이 필요하다. 현재의 상황을 객관화시켜서 바라보고 어떻게 대응해야 할지 자신의 생각을 정리해보아야 한다.

2. 부드러운 거절

살다 보면 상대의 요구에 대해 거절은 하고 싶은데 마땅한 근거나 변명을 대기가 어려운 경우가 있다. 직접 거절을 하자니 상대와의 관계상 쉽지가 않고 다른 이유를 찾자니 구차해지는 느낌이다. 이 경우에는 어떻게 대응을 해야 할까?

내 경우를 예로 들자면, 최근 한 동안 연락이 끊겼던 오래전 지인이 내 연락처를 수소문해서 전화를 해왔다. 그는 예전에 함께 했던 추억을 상기시키면서 최근에 금전적으로 어려움이 있으니 얼마간 돈을 빌려달라고 통사정을 한다. 경험상 그와 돈 문제로 얽혀본들 그와의 관계가 좋아지기는커녕 파탄날 것은 뻔하다. 빌려줄 돈이 없다고 이런 저런 변명을 찾는 것도 궁색하다. 그렇다고 그를 인간적으로 매몰차게 대하기도 어렵다. 그때 내가 한 대답은 다음과 같다.

"너와 그동안 잘 지내왔는데, 너와 돈거래로 엮이고 싶지는 않다."

사람은 이성적이고 합리적인 동물이기도 하지만 감정의 동물이기도 하다. 상대와의 대화에서 구체적인 근거나 사실을 가지고 논리적인 대응을 하는 게 좋겠지만 감정적인 대응을 하는 것도 꽤나 유용한 대응방법이다. 싫다는 데 어쩌겠는가? 상대가 다시 왜 싫은지 묻는 것도 궁색하다. 나의 궁색함을 상대에게 전가시키면서 부드럽게 거절할 수 있다.

또 하나의 방법은 잠시 그 상황을 모면하는 방식이다. "지금은 대답할 준비가 안 됐습니다. 그 점에 관해선 나중에 다시 얘기하죠."

3. 니블링 전술

니블링 전술Nibble Tactics은 협상에 들인 매몰비용이 아까워서 거절하기 쉽지 않은 가벼운 수준의 요구사항을 협상타결 직전에 요구하여 관철시키는 전술을 말한다. 여기서 니블은 '야금야금 갉아먹는다'는 뜻을 의미한다. 협상에서 중요한 사항들이 타결되고 나면 대개의 경우 긴장이 풀어지는데 집요한 협상가들은 사소한 이익이라도 끝까지 챙기려고 한다. 예컨대, 물품공급계약과정에서 거래수량과 공급단가에 대해 대체적인 합의를 보고 계약서에 서명 전에 "아 참, 배송료는 당연히 공급자 부담으로 해주시는 거죠? 이 부분도 계약서에 명시해 주세요"라는 식의 대응이다.

상대의 니블링 전술에 대한 대응은 사람이나 상황에 따라 다를 것이다. 만약 우리 역시 조금의 이익도 양보해서는 안 될 상황이라면 같이 맞대응을 해주면 된다. 협상과정에서 관철되지 않은 우리 요구사항을 제시하고 상대가 이를 수용하는 것을 전제로 상대의 요구를 받아주겠다고 하면 된다. 예컨대, "마침 저희도 말씀드리지 못한 부분이 있습니다. 저희 요구사항을 받아주신다면 귀사의 제안을 수용하겠습니다."라는 식이다.

제8장

기준을 활용하라

"규칙은 어리석은 자에게는 복종해야 할 것이지만, 지혜로운 자에게는 지침서가 된다."

– 더글라스 베이더(Douglas Bader)

기준의 중요성

▼

내가 근무했던 특공여단은 부대원들에게 강한 체력을 요구했으므로 체육대회 역시 중요한 행사로 여겨졌다. 전역을 얼마 남겨두지 않은 시점에서 대회가 열렸다. 당시 대대장은 부임해 온지 얼마 되지 않았는데, 부임하자마자 부대원들의 체력향상을 위해서 폐타이어를 끄는 훈련을 도입했고 이를 체육대회의 정식종목으로 채택했다. 무거운 타이어를 로프에 매달고 30명의 중대원들이 이어 달리는 경기였다. 폐타이어 4개가 준비되었고 가위바위보로 타이어를 배분했다. 나는 폐타이어를 끌고 달리는 것은 자신이 있었지만, 가위바위보 실력은 그렇지 못했다. 나로 인해 우리 중대는 가장 무거운 타이어를 배정받았다. 나는 그럼에도 불구하고 우리가 이길 것으로 생각했다. 왜냐하면 우리 중대는 대테러 특임소대를 운영하고 있어서 신병들이 전입해 올

때 운동능력이 뛰어난 대원들을 우선적으로 배정받고 있었기 때문이다.

그러나 실제 경기결과는 우리가 꼴찌였다. 타이어의 무게를 무시할 수 없었던 것이다. 경기장을 정리하고 결과를 발표하려고 할 때, 아무래도 내가 나서야겠다는 생각이 들어 손을 들었다.

"대대장님! 9중대 하사 김성진입니다. 경기진행에 이의가 있습니다!"

"무슨 일인가?"

"스포츠란 공정한 경쟁의 장이라고 생각합니다. 운에 의해 승부가 결정되는 것은 스포츠가 아닙니다(도박입니다). 가위바위보로 타이어를 배정해서 타이어의 무게에 의해서 승부가 결정되는 것은 스포츠가 아닙니다. 운동능력에 의해서 승부가 결정되도록 해야 공정합니다."

"(대대장은 곰곰이 생각하더니)그럼 어떻게 해야 할까?"

"타이어 하나로 각자 경기를 해서 기록으로 승부를 봐야 합니다."

대대장은 내 제안을 수용해서 다시 경기를 하도록 지시했고, 내 예상대로 우리가 이겼으며, 체육대회에서도 우리 중대가 우승을 차지했다.

내가 대대장에게 제안했던 것처럼 다른 사람에게 어떤 제안이나 부탁을 할 때는 왜 그것을 해야 하는지에 대한 나름의 기준이나 근거가 있어야 한다. 사람들은 자신의 행동이나 생각을 바꾸는 것을 정당화시키는 모종의 근거를 필요로 하기 때문이다. 그런 기준을 제시할 수 있을 때 상대는 내 제안에 대해 납득하고 행동을 변화시키려고 한다.

기준의 중요성을 입증하는 사례로 사회심리학자 랭거Ellen Langer의 실험이 있다. 도서관의 복사기 앞에서 줄을 서서 기다리고 있는 사람들에게 실험자가 다음과 같은 세 가지 유형의 질문을 한다.

① "죄송합니다만, 제가 지금 다섯 장을 복사해야 하는데 제가 먼저 복사기를 사용하면 안 될까요?"

② "죄송합니다만, 제가 지금 다섯 장을 복사해야 하는 데 먼저 복사기를 사용하면 안 될까요? 왜냐하면 지금 제가 굉장히 바쁜 일이 있거든요."

③ "죄송합니다만, 제가 지금 다섯 장을 복사해야 하는데 제가 먼저 복사하면 안 될까요? 왜냐하면 제가 꼭 복사를 해야 하거든요."

그 결과 ①유형 60%, ②유형 94%, ③유형 93%의 승낙을 얻는 결과가 나왔다. 이에 따르면 사람들은 상대의 부탁을 들어주기 위해서 설득력 있는 구체적인 이유를 요구(②)하기도 하지만 그럴만한 이유가 있다는 얘기(③)만으로도 제안을 들어준다는 것이다.

사람들이 이처럼 기준을 중요하게 생각하고 가급적 그것을 따르려고 하는 이유는 그것이 일종의 원칙이자 법이고 사회를 유지하는 도덕률이기 때문이다. 기준을 따르지 않을 경우에 듣게 되는 사회적인 비난이나 어떤 구체적인 제재를 우려해서라도 사람들은 기준을 따를 수밖에 없는 것이다. 내가 그 짧은 순간에 대대장을 설득할 수 있는 기준을 생각해 낸 배경에는 입대 전에 법과대학을 1년이나마 경험했던 영향이 있었을 것이다. 서당 개 3년이면 풍월을 읊는다.

이와 같은 기준의 중요성을 고려할 때 유능한 협상가라면 협상에 필요한 기준을 배우고 익혀서 협상에 잘 활용할 수 있어야 한다. 또한 협상에 적용할 여러 기준 중에 어떤 기준이 내게 유리한지도 잘 파악해야 한다. 기준으로 특히 중요한 것은 사회적 기준과 상대의 기준, 그리고 예외이다.

사회적 기준

▼

어느 나라나 정책당국자들의 고민은 어떻게 하면 국민들이 법을 잘 지키도록 할 것인가에 있는가 보다. 2009년 영국의 국세청 관리들도 마찬가지였다. 그들은 국민들이 정해진 기일 안에 세금 납부비율을 높이는 방안을 고민하고 있었다. 그들이 내놓은 방법은 세금고지서의 내용을 이전의 위협적 문구 대신에 다음과 같은 표현으로 바꾸는 것이었다.

"우리는 당신과 시민들을 위한 공공 서비스를 제공하기 위해 세금을 징수합니다. 영국 국민 10명 중 9명은 세금을 제때 납부합니다."

그 결과, 기한 내 세금 납부비율은 57%에서 86%로 급격히 상승한다.[30]

사람은 누구나 본인이 속한 집단 내의 다수를 따르려는 성향이 있다. 처하는 모든 상황마다 가치판단을 통해서 생각을 하고 행동을 하는 것은 피곤한 일이기도 하고 그럴 필요도 없다. 왜냐하면 조금만 눈을 돌려보면 많은 사람들이 어떻게 행동하는지 알 수 있고, 그들의 행동을 따라 하면 대체로 잘못되는 경우도 없으며, 설령 잘못되더라도 나 혼자만 위험에 빠지는 경우는 없기 때문이다. 그렇게 편하고도 안전한 길을 누가 마다하겠는가? 이런 이유로 다수의 행동은 언제나 하나의 행동기준이 된다.

스탠리 밀그램Stanley Milgram이 뉴욕 시내 한 복판에서 벌인 실험도 이를 잘 증명해 준다. 그의 조교 1명이 걸음을 멈추고 1분간 하늘을 바라보았지만 지나가는 사람들은 별 반응을 보이지 않는다. 이번에는 4명이 함께 하늘을 바라보자 길 가던 사람들이 하늘을 바라보는 숫자가 4배로 증가한다. "사람 셋이 모이면 없던 호랑이도 만들어낸다(三人成虎)."거나 "사람 셋이 모이면 거짓말도 참이 된다."는 말도 다 마찬가지

원리다.

다수의 행동이 사회적 기준으로 활용되는 예는 다양하다. 사례에서 영국 정책당국자들은 세금을 제때 내는 것이 영국 국민들에게 하나의 사회적 기준이라는 점을 인식시켜 행동의 변화를 이끌어 냈다. 선거에서 대세론이 형성되는 것도 그렇고 상품시장에서 1등 제품이 갖는 우월적 지위도 여기에서 기인한다. 우리가 온라인에서 물건을 구입할 때 먼저 구매한 소비자들의 평가를 보고서 구매하는 방식도 그렇다. 쇼나 코미디프로그램에 동원되는 박수부대도 이 방식을 이용한 것이다.

사회적 기준은 다양하다. 사람들과의 관계에서 윤리나 도덕도 하나의 행동기준이고, 사회적으로 누적된 경험이나 관행도 여기에 해당된다. 부동산 매매 시 활용되는 시가나 감정가와 같이 분야마다 다양한 기준들도 존재한다. 다수의 사람들에 의해서 형성되었으면 그 자체로 사회적 기준으로 활용되므로 규범으로 제도화되었는지 여부도 불문한다. 물론 법은 다수에 의해서 제도화되었으므로 가장 중요한 사회적 기준이다.

협상에서 사회적 기준을 활용하는 방법은 무궁무진하고 어렵지도 않다. 어떤 행동을 다수의 사람이 하고 있다는 점만 보여주면 되기 때문이다. 조직 내에서 다수파를 형성해 가는 방법으로도 활용할 수 있다. 구성원의 일부를 먼저 설득하고 그들이 동조했다는 사실을 들어 다른 구성원을 설득해 나가는 방식으로 말이다. 공정성이 생명인 조정 혹은 중재의 경우에는 사회적 기준을 활용하는 것이 특히 더 중요하다. 자신의 기준으로 당사자를 설득하려다가는 편파적이라는 소리를 들을 수 있다. 모든 설득의 논리는 사회적인 기준이 되어야 한다.

상대의 기준

▼

협상에서 사용하는 기준 중에 가장 효과가 큰 것은 상대의 기준이다. 왜냐하면 사람의 생각과 행동은 일관성의 원리에 의해서 제약받기 때문이다. 자기 스스로 정한 기준이나 약속, 과거에 했던 말, 그리고 자신의 가치관이나 종교관, 정부나 기업의 내부 방침 등 상대 스스로 정한 기준은 자신의 생각과 행동양식을 규정하는 것이므로 쉽게 바꿀 수 있는 것이 아니다. 자기가 정한 기준을 자기 스스로 지키지 않을 경우에 발생하는 정체성의 혼란이나 내외부로부터의 신뢰의 저하와 같은 손실을 생각하면 지키지 않을 도리가 없다.

상대가 정한 기준을 찾아보고 상대에게 그 기준의 적용을 요구하자. 만약 상대의 기준을 모르겠거든 상대에게 직접 물어보는 것도 좋다. 상대의 기준을 물어보고 그에 따르겠다는데 싫어할 사람은 없다.

상대가 기준에 어긋나는 행동을 할 경우에는 그것을 지적함으로써 상대의 행동을 개선할 수 있다. 변호사의 업무에서도 상대의 행적이나 내부 방침 등의 정보를 찾아 그것으로 상대를 공격하는 방식을 많이 활용한다.

한편 상대의 기준을 활용하는 것이 효과적이더라도 상대의 입장에서 보면 그것을 지적받는 것이 썩 유쾌하지는 않다. 상대의 감정까지 고려해야 하는 협상에서는 상대의 감정을 상하지 않게 조심스럽게 지적할 필요가 있다. 유머를 섞어서 부드러운 방식을 사용하면 더 좋다. 사람에 따라서는 자기의 사소한 이익을 관철하기 위해서 상대의 기준을 과도하게 지적하는 사람이 있다. 너무 과함은 부족함만 못하다(過猶不及).

상대의 기준을 활용할 때는 상대에게 스스로 정한 기준을 따르라고 직접적으로 요구하기보다는 상대가 스스로 결정하게 하는 것이 더 효과적이다. 예를 들면 이런 방식이다. "당신은 공정성을 최우선의 기준으로 적용한다고 하지 않았던가요? 저희가 어떻게 하면 좋을까요?" 사회과학자들에 의하면 사람은 강한 외부적 압력 없이 스스로 선택하여 행동한 일에 대해서는 내부적으로 더 책임감을 갖게 된다고 한다.

원칙과 예외

▼

지난겨울 각시와 함께 연로한 장모님을 모시고 태국에 다녀올 때의 얘기다. 태국공항에 도착해서 탑승수속을 밟아야 하는데 먼저 온 승객들이 이중삼중으로 길게 줄지어 서서 기다리고 있었다. 다리가 불편한 장모님과 함께 오랜 시간 서서 기다릴 것을 생각하니 막막하던 차에 우리 쪽으로 승무원 복장을 한 사람이 다가오고 있었다. 각시가 나섰다. 직원에게 장모님 상태를 말씀드리고 도움을 받을 수 있는 프로그램이 있는지 물었다. 직원은 항공권 예약 시에 휠체어서비스를 신청했는지 물었다. 각시는 웃으면서 서비스 신청은 못했지만 도움을 받고 싶다고 했다. 친절한 직원은 장모님을 모시고 자기를 따라오라고 했다. 덕분에 장모님은 휠체어 서비스를 제공받고 동행인인 우리까지도 비행기 탑승 시까지 줄서기에서 면제되었다.

"예외 없는 법은 없다." 법률 격언이다.

대개의 법률규정들은 원칙과 예외로 구성되어 있다. 법이 제도화된 기준이라면 원칙뿐만 아니라 예외도 기준이 된다. 법 이외의 다른 기준들에서도 원칙이 있으면 예외가 있고, 그 예외도 당연히 하나의 기준인 것이다.

예외의 법률적 의미는 일반적으로 금지되어 있는 원칙에 대한 특별한 허가를 내포하고 있다. 일반적인 의미도 마찬가지여서 협상에서 예외를 적극적으로 활용하면 특별한 혜택을 얻을 수 있다.

원칙은 대부분 누구나 조금만 주의를 기일이면 알 수 있고, 협상에 적용할 수 있다. 그런데 예외는 우리가 특별히 주의를 기울이지 않는 이상 눈에 잘 드러나지 않고 따라서 협상에 이용하는 것도 쉽지가 않다. 이 점은 상대의 기준도 마찬가지이다. 상대 스스로 자신이 예외를 설정했는지 혹은 적용했는지, 어떤 경우에 적용했는지 등을 잘 기억하지 못하는 경우가 많다.

그런 점에서 진정한 협상의 고수는 예외를 잘 활용하는 사람이다. 법률가들도 마찬가지인데 법을 잘 아는 사람들은 예외를 제대로 알고서 적용할 수 있는 사람이다. 나는 공무원을 희망하는 제자들에게는 특별히 예외를 잘 적용할 수 있도록 실력을 갈고닦으라고 주문한다. 상당수의 공무원들은 원칙으로만 법을 적용하려다 보니 소극적인 행정에 머무르기 때문이다. 예외를 잘 알아야 시민들이 처한 구체적인 상황에 맞춰서 적극적인 행정을 구현할 수 있다.

예외를 적용받을 경우 특별한 혜택이 있는 이상 유능한 협상가가 되기 위해서는 기회가 있을 때마다 예외를 적용해 달라고 요구하는 일을 습관으로 만드는 것이 좋다. 태국공항에서 각시가 그랬듯이 다음과 같은 표현을 수시로 할 수 있어야 한다. “혹시, 예외가 있지 않나요?”, “어떤 경우에 예외를 적용하나요?”, “예외를 적용한 적이 있지 않나요?”, “이런 경우에는 예외를 적용받을 수 있을까요?”, “혹시 전에 한번이라도 할인해준 적이 있지 않나요? 제가 그와 같은 경우에 해당되지 않을까요? 제가 어떻게 행동하면 예외를 적용받을 수 있나요?”

원칙과 예외의 적용방법은 다르다.

원칙의 적용을 요구할 때는 여러 사람이 있을 때 공개적으로 하고, 예외의 적용을 요구할 때는 다른 사람들이 주위에 없을 때 은밀히 하는 것이 더 효과적이다. 원칙의 적용은 당연한 일이므로 여러 사람들의 시선이 있을 때 공개적으로 활용해야 상대에게 사회적인 압력을 행사할 수 있다. 내가 대대장에게 제안할 때도 부대원 모두가 주시하고 있던 상황이었다. 그에 반해 예외를 적용해 달라고 부탁하는 것은 특혜를 요구하는 것이므로 공개적으로 하면 상대가 적용해 주기 힘들다. 사람들이 눈치를 채지 않도록 조용히 요구해야 예외를 적용받을 가능성이 높아진다. 또한 예외의 적용을 요구할 경우에는 전화나 이메일로 하는 것보다는 가급적 직접 얼굴을 보면서 정중하게 상대의 공감을 얻어내는 방식으로 해야 효과가 높다.

기준의 활용방법

▼

1. 내게 유리한 기준을 선점하기

미국의 행동경제학자인 카너먼Daniel Kahneman)이 제시한 프레이밍 효과Framing effect)는 같은 문제라도 상대에게 어떤 방식으로 질문하느냐에 따라 상대의 판단과 선택이 달라지는 현상을 말한다. 이에 따르면 내게 유리한 프레이밍을 통해 상대를 내 기준대로 움직이게 할 수 있다.

정치인들은 국민들에게 선택을 받기 위해서 끊임없이 자기의 기준을 주입하려고 노력한다. 의사들 역시 이 방법을 많이 쓴다. 그들은 환자들에게 수술의 효과를 설명하면서 "이 수술을 하면 생존 가능성이 60%입니다."라고 얘기하지 "사망 가능성이 40%입니다."라고 얘기하지 않는다. 사망 가능성으로 프레임을 설정하면 누가 수술을 하려고 하겠는가?

상대가 먼저 기준을 제시한 경우는 어떻게 대응할까? 이때는 다른 기준을 제시하여 상대의 기준을 허물 수 있다. 대대장이 유능한 협상가였다면 나의 제안에 대해 다음과 같이 대응했을 것이다. "스포츠에서 이미 승부가 결정되고 종료 벨이 울렸는데, 룰을 다시 정해서 경기를 재개하는 것이 공정한 일인가?"

만약, 다른 기준을 제시하는 것도 불가능하다면 상대의 기준을 수용하면서 부수적인 조건을 거는 것도 한 가지 방법이다. 대대장이 "만약 김하사의 제안을 수용했는데도 경기 결과가 달라지지 않는다면 너희 중대에 대해서 감점을 부과해도 되겠는가?"라고 조건을 걸었다면 나는 내 제안을 거둬들일지 고민했을 것이다.

2. 기준 만들기

"자, 이런 기준으로 하면 어떨까요?"

협상의 상황에 따라서는 적용할 객관적인 기준이 없는 경우가 있을 수 있다. 그 상황에서 각자의 입장만 주장할 경우에는 협상의 진전을 기대하기 어렵다. 이 경우에는 협상 당사자들 간에 동의할 수 있는 공통의 기준을 정해서 협상을 진행하는 것이 좋다.

한편, 협상절차와 관련된 기준은 협상이 시작되기 전에 미리 설정해두는 것이 효율적인 협상진행에 도움이 된다. 다음과 같이 제안하라. "협상 중에는 상대의 얘기를 끝까지 들어주기로 합시다.", "협상 중에는 다른 상대와는 협상을 진행하지 않기로 합시다.", "상대의 제안에 대해서는 수용할지 여부, 수용하지 않는 이유를 구체적으로 설명해주기로 합시다." 일종의 신사협정을 맺어두는 것이다.

제9장

제3의 대안을 만들라

"상상력은 지식보다 중요합니다. 지식은 제한되어 있지만 상상력은 전 세계를 포용하고 진보를 촉진하며 진화를 낳기 때문입니다."

– 알버트 아인슈타인(Albert Einstein)

협상의 전략과 전술에 대해 얘기하고 있지만 생각대로 협상이 잘 풀리지 않는 경우가 종종 있다. 그렇게 협상이 교착되고 장기화될 경우에 사람들의 마음은 적절한 선에서 타협을 하고 싶기 마련이다. 협상은 심리적으로 긴장상태에서 진행되는 경우가 많아 피곤하기도 하고 심하게는 상대와 갈등상황에 빠지는 경우도 있기 때문이다.

그러나 이런 경우에 타협을 통해서 안전을 추구하는 방식은 유능한 협상가들이 취할 태도는 아니다. 모든 일이 그렇듯이 협상도 어느 정도의 고통의 과정을 겪은 후에서야 서로가 만족할 만한 해결책이 나온다. 그런 힘든 과정을 거치지 않고 어설프게 절충하는 방식으로는 두고두고 후회할 만한 결과로 이어진다. 단순한 절충은 흰색 축구화를 원하는 사람과 검은색 축구화를 원하는 사람에게 각각 다른 색의 축구화 한 짝씩을 나눠주는 것과 같다. 협상을 잘하기 위해서는 힘든 과정을 감내할 수 있는 담대한 의지가 필요하다.

조정의 경우도 마찬가지다. 서로 다른 생각을 가진 당사자들을 조정하는 입장에서 양측의 입장에 대해 처음부터 절충하려 드는 것은 좋은 방법이 아니다. 절충은 서로의 입장을 좁히기 위한 모든 수단을 동원한 후에도 여전히 의견차이가 좁혀지지 않을 때 마지막 카드로 제시되어야 한다.

협상이 교착되는 상황에서 그것을 풀어내기 위해서는 서로의 생각을 뛰어넘는 나름의 상상력이 필요하다. 새로운 대안을 찾는 방법을 알아보자.

협상의 판을 키우기

▼

카이사르의 청년 시절이야기다. 그리스로 유학을 가는 도중에 소아시아 남동부에 있는 킬리키아 지방에서 그가 탄 여객선이 해적선에 납치된다. 해적들은 나포한 승객들에게 몸값을 매기는데, 카이사르에게는 20 탈렌트(현재 가치로는 100억 원 정도)를 매긴다. 카이사르는 이에 "네놈들은 누구를 붙잡았는지 모르는 모양이군."이라고 말하고는 자진해서 50 탈렌트로 몸값을 올린다. 그의 하인들이 몸값을 구하러 다녀온 38일 동안 카이사르는 어떻게 보냈을까?

카이사르는 살인을 밥 먹듯이 하는 해적들과 같이 어울려 놀고 지내면서 "언젠가는 네놈들을 목 졸라 죽여 버릴 거야"라고 거만하게 군다. 해적들은 그런 카이사르를 큰 목돈으로 생각했으므로 함부로 대하지 못했다. 자신들을 죽인다는 얘기도 농담으로 받아들이고 웃어넘긴다. 카이사르는 자유의 몸이 되자 배를 빌리고 사람들을 모아서 해적들을 소탕하고 빼앗긴 재물도 되찾아 온다. 카이사르의 말을 농담으로 받아들였던 해적들은 교수형에 처해지는 순간에서야 카이사르의 말이 농담이 아닌 줄 알게 된다.

스스로 몸값을 키워서 자신의 생명을 보전하는 카이사르의 담대함은 그가 왜 유럽의 설계자가 될 수 있었는지 그의 협상능력을 짐작케 하는 일화다. 이렇듯 협상에서도 판을 키우는 방식은 협상의 해결책을 찾아내는 데 유용하다.

사실 협상이 잘 안 되는 가장 큰 이유는 서로 간에 지금 당장 눈에 보이는 이익만을 생각하기 때문이다. 주어진 이익의 범위 내에서 자기의 몫을 차지하기 위한 경쟁으로 생각할 경우 협상은 흥정으로 흘러갈 수밖에 없다. 흥정은 한쪽의 이익이 커지면 상대의 이익이 줄어드는 제로섬zero-sum게임 양상의 거래에 불과하다. 반면에 협상의 판을 크게 보고 협상을 통해 더 많은 가치와 이익을 창출할 수 있다는 관점으로 접근하면 서로가 만족할 수 있는 해결책을 찾을 수 있고, 서로의 몫도 더 크게 가져갈 수 있다.

우리가 주변에서 쉽게 볼 수 있는 다이소의 사업성공방식을 보면 협상의 판을 키우는 방식이 얼마나 효과적인지 알 수 있다. 이 회사가 처음 주목을 받게 된 것은 소비자들이 단돈 1,000원으로 많은 상품을 구매할 수 있게 해 준 데 있다. 그런데 그 가격에 판매를 하기 위해서는 최대한 원가를 낮춰서 구매를 해야 한다. 이 회사가 취한 방식은 일반적인 거래 방식이 아니었다. 그들이 사용한 방법은 생산업체로부터 구입물량을 최대한 늘리고, 대금 지급도 현금결제와 선입금 방식을 시행했으며, 원가를 낮추기 위해서 제품품질에 영향을 주지 않는 기능이나 장식도 단순화시키는 것이었다. 상대가 기대하는 수준 보다 몇 단계 이상의 방안을 제시해서 원가를 큰 폭으로 낮추는 데 성공한 것이 이 회사의 성장비결인 셈이다.

협상을 할 때는 통 크게 생각하고 상대에게 다음과 같은 제안을 해 보자. "더 큰 이익을 얻는 방법에 대해 이야기해 볼까요?", "제가 더 많은 이익을 줄 수도 있지 않을까요? 그러자면 진정 그쪽이 원하는 것이 무엇인지 알 수 있으면 좋겠네요."

가치 교환하기

▼

이집트의 시나이반도는 이스라엘과 경계선상에 있는 이집트의 땅이다. 이스라엘은 1967년 제3차 중동전쟁을 통해 이곳을 점령하였는데, 그 뒤 이곳의 처리문제는 항상 중동의 골칫거리였다.

1978년 미국의 사이러스 밴스Cyrus Roberts Vance 국무장관에 의해 이 문제의 해결을 위한 협상이 시작된다. 이집트의 요구는 당연히 시나이반도를 100% 돌려받는 것이다. 조상 대대로 물려받은 땅을 회수하여 국민들의 상처 난 자존심을 회복할 필요가 있었다. 그에 반해 이스라엘은 어쩔 수 없이 이집트에 돌려주더라도 일부만 돌려주겠다는 것이다. 그들은 다른 아랍 국가들로부터 자국의 안전을 보장받을 필요가 있었고, 성지 예루살렘의 보호를 위해서도 아랍 국가들과의 완충지대가 있어야 했다.

이에 대한 중재자의 대안은 "시나이반도는 100% 이집트에 돌려준다. 단, 이곳에 양국의 군대가 아닌 다국적군을 주둔시킨다."는 것이었다. 협상은 결국 타결되었고, 양국은 각자 대국민 성명을 발표한다. 이집트는 자신들이 협상을 잘해서 영토를 100% 되찾았다는 내용으로, 이스라엘은 자신들이 협상을 잘해서 100% 안전을 확보했다는 내용으로. 협상학자들은 이 협상을 20세기의 가장 위대한 협상 중의 하나로 꼽는다. 협상의 주인공이었던 이집트의 대통령과 이스라엘의 총리는 그에 대한 공로를 인정받아 공동으로 노벨평화상을 수상한다.[31]

만약 사람들이 같은 생각과 같은 가치기준을 가지고 있다면 싸울 일도 협상할 일도 없을 것이다. 그런데 사람들은 저마다 다른 생각 다른 가치기준을 가지고 있다. 그로 인해 사람들은 싸우기도 하지만 협상할 일도 생긴다. 그리고 그 협상을 성공으로 이끄는 것도 서로 다른 가치를 잘 주고받는 데서 비롯된다. 그런 점에서 협상이란 서로가 더 중요하게 생각하는 가치를 주고받는 것이라고 할 수 있다.

사이러스 밴스 국무장관의 중재안처럼 협상 당사자가 중요하게 생각하는 가치를 찾아서 제안할 수 있다면 협상은 타결의 길로 갈 수 있다. 따라서 우리는 협상의 과정에서 상대가 중요시하는 숨겨진 욕구를 찾는 노력을 게을리해서는 안 된다. 상대가 중요하게 생각하는 조건은 들어주고 우리가 중요하게 생각하는 조건을 가져온다면 협상에서 더 많은 기회를 만들어낼 수 있다.

조건부 제안

▼

고등학교 시절 학생회 부회장으로서 학교축제의 기획을 담당했던 준성의 얘기다. 남자고등학교에서 축제의 성공을 위해서는 학생들의 높은 참여와 호응이 필수다. 준성은 학생들의 호응을 이끌어내기 위해서 여자고등학교 댄스팀을 섭외하기로 했다. 문제는 기독교 학교인 관계로 선생님들이 허락하지 않는다는 점이다. 축제 담당교사는 준성의 제안을 거절하면서 찬송가 경연대회를 대안으로 제시하기도 했다. 준성은 오기가 생겨서 반드시 댄스팀 공연을 성사시키기로 마음먹었다. 학생들을 대상으로 설문조사를 실시하고 그 결과(당연히 99% 찬성)를 가지고 교장선생님을 설득하려고 했다. 결과는 뻔했다. 뾰족한 수가 없을까? 생각 끝에, 학교 측과 학생들 사이에 교복을 입는 문제로 갈등인 상황을 이용해 보기로 했다. 준성은 교장선생님에게 다음과 같은 제안을 했다.

"학생들이 앞으로 교복을 잘 챙겨 입도록 하겠습니다. 앞으로 2주간 교문 앞에서 단속에 걸리는 비율이 70% 이상 줄어든다면 댄스팀 초청을 허락해 주십시오."

교장선생님은 '학생들이 설마 그렇게까지 하겠어.'라는 생각에 흔쾌히 동의해 주었다. 학생회는 곧바로 그 내용을 학생들에게 알리고 교복을 착용하도록 홍보에 들어갔다. 다음날부터 학교에 큰 변화가 일어났다. 거의 대부분의 학생들이 교복을 착용하고 등교를 하였다. 평소 잘 입지 않던 조끼까지 갖춰 입는 학생도 있었다. 약속한 2주 동안 학생들과 학생부 선생님과의 갈등도 줄어들었고, 학생들은 선생님들의 말을 평소보다 더 고분고분 따랐다. 2주간 교복미착용에 따른 단속비율은 평소보다 92%가 감소된 것으로 나왔다. 준성은 여학교 댄스팀을 초청할 수 있었고, 열광적인 축제를 통해 최고의 학생회로 인정받게 된다. 다만, 축제가 끝난 후 모든 것은 제자리로 돌아갔다.

협상에서 상대가 내 제안을 거부한다면 그 이유는 상대가 나를 신뢰하지 못하거나 내가 제안한 내용을 믿지 못하기 때문이다. 이러한 상대의 부정적 평가를 놔두고서 상대를 설득하기는 쉬운 일이 아니다. 이때는 준성의 경우처럼 조건을 활용하면 어렵지 않게 원하는 바를 얻을 수 있다. 상대가 믿지 못하는 내용에 대해서 혹은 제안내용에 대한 기대가 다른 경우에 그 차이를 조건을 통해서 메우는 것이다.

조건을 통해서 상대가 제안한 내용의 타당성을 검증해 볼 수도 있다. 만약 상대가 자신의 제안에 대해서 조건을 다는 것을 주저한다면 제안의 내용을 의심해보아야 하고 더 확실한 보장책을 강구하여야 한다. 변호사들이 주로 활용하는 방법은 위약금 조항이다. 예컨대, 계약서 말미에 "계약 당사자 중 일방이 위 합의내용을 이행하지 않을 경우, 상대방에게 위약금 명목으로 금 1억 원을 지급한다."는 등의 내용을 넣어 서로 간에 계약이행을 담보하는 것이다.

내 수업을 듣던 운선은 예민한 성격에 룸메이트와 갈등이 있어서 기숙사 생활에 어려움을 겪었다. 부모님에게 자취생활을 하고 싶다고 제안했지만 성적하락을 우려하는 부모님은 승낙해주지 않는다. 운선은 평균 4점대 이상의 학점을 받지 못하면 군말 없이 다시 기숙사로 들어가겠다는 조건을 걸고서야 자취를 할 수 있었다. 그 결과 운선은 편안히 자취생활을 할 수 있었음은 물론 학교성적도 4.25의 높은 성적을 유지할 수 있었다. 조건을 통한 해법은 상호 간에 이익이 된다.

그 외에도 조건을 활용하는 방식은 협상에서 다양하게 활용된다. 구단과 프로선수들의 연봉협상도 대표적인 사례이다. 기본 연봉 외에 부가되는 출전수당이나 승리수당과 같은 조건들은 구단이 선수들의 팀에 대한 충성도를 담보하기 위한 것이기도 하고 선수들에게 동기부여를 해주는 방식이기도 하다.

제10장

협상의 결렬에 대비하라

"준비를 했다고 승리를 장담할 수는 없지만, 자신감을 가지게 해준다는 것은 장담할 수 있다."
– 아미트 칼란트리(Amit Kalantri)

협상당사자들 중에 누가 더 불안해하고 조바심을 낼까? 그들 중에 누가 더 담대하고 자신감에 차 있을까? 협상이 결렬되어도 좋다고 생각하는 사람은 담대하게 협상에 임할 수 있다. 협상에 목매다는 사람은 조바심을 낼 수밖에 없다.

이와 같은 당사자들의 심리상태를 결정하는 것은 무엇일까? 그것은 협상이 결렬되었을 경우에 다른 대안이 준비가 되었는지 여부다. 상대로부터 무언가를 얻지 않아도 또는 상대와 굳이 협상하지 않아도 다른 대안이 준비되어 있다면 조바심을 낼 필요가 없다. 그와 같은 대체불가능한 지위에 있는 사람이 가장 협상능력이 뛰어난 자라고 할 수 있다.

결국 우리가 협상능력을 키우고자 한다면 상대를 대체할 수 있는 대안을 준비할 수 있어야 한다. 역으로 상대가 나를 대체하지 못하도록 실력을 키워야 하는 것도 마찬가지 얘기다.

우리와 일본의 역사분쟁 사례를 예로 들어보자.

2019년 당시 우리 대법원은 일본기업에 대한 강제징용 피해배상 소송에서 피해자들의 손을 들어주는 판결을 한다. 일본은 이에 대한 보복조치로 자신들이 강점이 있는 반도체 · 디스플레이 핵심소재에 대한 수출규제를 단행한다. 이에 대응해 우리 정부는 일본의 수출규제를 풀기 위한 노력과 함께 해당 제품의 국산화와 수입선 다변화 조치로 대응한다. 결국 우리는 일본제품에 대한 대체가능성 확보를 통해 일본과의 분쟁에서 우위를 점할 수 있게 된다.

대체가능성이 협상력을 좌우하는 것은 일상에서도 흔한 일이다.

협상수업을 듣는 중연은 기존에 쓰던 그래픽카드를 사용할 필요가 없어져서 수업에서 배웠던 협상의 원리에 따라 판매해 보기로 하였다. 먼저 기존의 중고시장을 조사해 보니 품질이 떨어지는 제품이 많이 풀려 있었으므로 판매 글에 자신의 제품이 상태가 좋다는 점과 아직 A/S기간이 남아있다는 점을 강조하였다. 글을 보고서 두 사람이 구매의사를 밝혀왔는데 둘 다 가격을 깎아달라고 한다. 중연은 그들과 대화 중에 다른 구매희망자들이 있다는 점을 은근히 내비쳤고, 제품의 상태가 좋다는 점을 강조하면서 별도로 가격협상은 하지 않겠다는 점을 분명히 하였다. 중연은 결국 그중 한 명에게 처음 제시한 가격으로 판매할 수 있었다.

반면에 대안을 찾지 못하고 협상에 실패한 경우를 보자.

중국과 일본은 동중국해에 있는 조그만 섬인 댜오이다오(일본명: 센카쿠)를 서로 자기네 땅이라고 주장하면서 오랜 기간 분쟁을 이어오고 있다. 섬 인근에 석유와 천연가스가 다량 매장된 것으로 알려져 있기 때문이다. 2010년 일본해경은 이곳에서 중국어선을 나포함으로써 무역 분쟁에 불을 지폈다. 중국은 일본인 관광객 입국금지조치와 첨단기술 장비의 원료가 되는 희토류의 대일 수출을 금지한다. 희토류는 전 세계 생산량의 80% 이상을 중국이 생산하고 있어서 일본에게는 대체 불가능한 상품이다. 일본은 결국 다른 대안을 찾지 못하고 아무런 조치도 없이 굴욕적으로 중국어선을 풀어줄 수밖에 없었다.

만약 내가 상대를 대체할 수 있는 대안을 가지고 있다면 협상에서 나의 대안을 상대에게 노출시키는 것이 협상에 유리한 전략일까?

일반적으로는 대안을 노출함으로써 상대를 심리적으로 압박할 수 있다는 점에서 유리하다고 할 수 있다. 그러나 한편으로는 그것이 상대를 자극할 수도 있어 협상을 꼬이게 하는 원인이 될 수도 있다. 상대 역시 다른 대안이 있는 경우에는 오히려 내 쪽이 불리해질 수도 있다. 따라서 혹시라도 대안을 노출시킬 필요가 있다면 제3자를 이용해서 간접적인 방식으로 흘리는 게 좋다. 프로선수들의 연봉 협상을 보면 언론을 이용해서 은근슬쩍 정보를 노출하는 방식이 많이 활용된다.

제11장

협상의 준비와 마무리

"준비에 실패하는 자는 실패를 준비하는 자이다."

– 벤저민 프랭클린(Benjamin Franklin)

협상의 준비

▼

정수가 로스쿨 준비와 병행하여 영어학원 강사를 할 때의 얘기다. 원장은 처음 시급 25,000원을 제시하면서 3개월 후에 다시 정하자고 하였다. 정수는 그때만 해도 충분한 금액이라고 생각했지만 일을 하면 할수록 그 금액이 자신이 하는 노동의 가치에 비해서 부족하다고 느꼈다. 3개월이 지나감에도 원장은 시급조정 얘기를 꺼내지 않았다. 정수는 먼저 얘기를 꺼낼까 하다가 약간의 준비기간을 갖기로 했다. 정수는 수업이 끝난 후에도 한 시간씩 남아 다음 주의 수업준비를 했고, 학원행사에도 빠지지 않고 참석하여 원생들과 시간을 보냈다. 자신의 수업을 듣지 않는 학생들도 정수의 이름을 부르며 따를 정도로 평소보다 더 열심히 일을 했다.

정수는 원장에게 시급 재협상을 위한 면담을 요구했다. 수강생 숫자와 다른 강사들의 급여를 비교하는 자료도 준비했다. 그러나 그 자료를 보여줄 필요는 없었다. 원장은 "그동안 정수씨가 일 하는 것을 지켜봐 왔는데 더 받는 게 맞다."라고 하면서 40,000원으로 올려주겠다고 하였다. 정수는 이를 통해 성공적인 협상을 위해서는 사전에 충분한 준비를 통해서 자신의 가치를 높이는 게 더 중요하다는 것을 느꼈다.

"이겨놓고 싸운다."는 손자병법에 나오는 구절이다. 풀어서 얘기하면, 승리하는 군대는 먼저 이긴 상태에서 싸우고, 패배하는 군대는 일단 싸운 다음에 승리를 바란다는 것이다. 임진왜란 당시 이순신 장군의 전략도 같았다. 그는 완벽한 준비로 모든 전투를 승리로 이끌었고, 패배가 예상되는 전투에는 나아가지 않았다. 그로 인해 무능한 선조의 미움을 사기도 했다.

협상도 마찬가지다. 협상의 준비 정도에 따라 협상의 성공여부가 결정된다. 단순히 흥정을 할 게 아니라면 협상 성공을 위해 필요한 모든 것들을 철저히 준비해야 한다. 자신이 세운 협상의 목적을 달성하기 위해 필요한 조건들을 모두 준비한 후에 협상에 임하는 사람만이 제대로 된 협상가라 할 수 있다.

지금까지 배운 내용을 토대로 협상준비에 필요한 체크리스트의 대강을 정리하면 다음과 같다. 이를 참조하여 협상을 할 때마다 필요한 사항들을 체크해 보도록 하자.

협 상 준 비 체크리스트

1. 목표 수립	장·단기 목표설정
2. 문제 파악	협상성공의 장애물은?
3. 관계자	상대방, 이해관계인, 제3자 등
4. 정보 수집	상대의 정보, 상대와 나의 욕구, 상대의 기준 등
5. 제안사항	안건에 반영할 가치, 단계적 제안과 범위설정, 상호성 거래?
6. 핵심 질문사항	결정적 질문, 부정적 인식의 목록, 상대의 손실 목록
7. 점진적 접근방법 설정	의사소통 방식, 신뢰형성의 방법, 중간단계?
8. 대안 마련	우선순위 결정, 핵심가치와 포기해도 될 것
9. 결렬의 대비	결렬시 예상되는 상황과 대안
10. 준비사항	언제, 어디에서, 누구에게, 어떻게

협상의 마무리

▼

협상계의 격언 중에 "모든 것이 합의될 때까지는 아무것도 합의된 게 아니다."라는 말이 있다. 마무리가 특히 중요하다는 것을 강조한 말이다. 협상의 마무리 단계에서 주의할 사항을 정리해 보자.

① 합의내용을 명확히 하기

협상에서는 상대가 분명 동의를 했는데도 그 동의가 확실한 동의가 아닐 수도 있다는 점을 알아야 한다. 상대의 동의가 분명하지 않은 경우에는 나중에 합의내용의 이행에 문제가 생길 수 있다. 이를 분명히 확인하기 위해서 상대의 의사를 명확히 확인하자. "우리가 이런 내용으로 합의한 거 맞지요?"

② 합의서의 작성

최종적이고 완전한 합의는 합의서를 작성하고 서명 혹은 날인을 하는 것이다. 그래야 법적으로 효력이 있다. 추후 잘못되었을 경우에 입증의 문제도 고려해야 한다. 한편, 전문가 수준의 협상에서는 협상이 장기화되는 경우에 중간합의서를 활용하기도 한다. 중간합의서를 통해 서로를 구속시켜 두고 향후의 협상진행을 담보하는 것이다.

※ 협상이 종료되면 그날의 협상내용을 이메일이나 문자를 활용하여 아래와 같이 간단히 남겨두는 것도 유용하다. 협상의 프로들은 정말 그렇게 한다. 그날의 협상내용을 확인해 줌으로써 상대를 심리적으로 구속시킬 수 있고 추후에 증거로 활용할 수도 있다.

"김부장님, 장시간 진지하게 협상에 임해 주시고 배려해 주셔서 감사드립니다. 아래와 같이 오늘 논의된 내용을 정리하여 공유해 드립니다. 수정하거나 추가할 사항이 있는지 확인해 주시고, 간단한 회신 부탁드립니다. 감사합니다."

③ 상대에 대한 존중

협상을 통해 신뢰를 얻고 장기적인 관계를 유지하기 위해서는 협상의 마무리 단계에서도 상대에 대한 존중이 필요하다. 협상성공의 공을 상대에게 돌리고, 상대에게 더 유리한 협상이었음을 강조할 필요가 있다. 설령 자신이 더 이익을 보았다고 하더라도 이를 상대에게 표현하는 것은 상대의 만족도를 떨어뜨릴 수 있으니 자제하라.

미주

미주

1. 당시 행형법 시행령은 수사기관에서 조사 시에 피의자가 소요·폭행·도주 또는 자살의 우려가 있는 경우에 포승과 수갑의 사용을 원칙으로 하고 있었다. 이 규정은 그 뒤 신체의 자유를 과도하게 침해한다는 이유로 헌법재판소에서 위헌 선고된다(헌재 2005. 5. 26. 선고 2004헌마49).
2. 스튜어트 다이아몬드, 『어떻게 원하는 것을 얻는가』(세계사, 2022), 17쪽
3. 위 스튜어트 다이아몬드의 책, 37쪽
4. 로저 피셔·윌리엄 유리·브루스 패튼, 『Yes를 이끌어내는 협상법』(장락, 2014)
5. 사이먼 시넥, 『Start with why』(세계사, 2021)
6. Can Akdeniz, 「Do you have a goal ; The art of goal setting」, Best business books, 2014
7. 최철규, 『협상의 신』(한국경제신문, 2015), 13쪽 이하 참조
8. 수전케인, 『콰이어트』(알에이치코리아, 2012)
9. 2015 McKinsey & Company report
10. 착한아이 콤플렉스(good boy syndrome)는 타인으로부터 착한아이라는 반응을 듣기 위해 내면의 욕구나 소망을 억압하는 말과 행동을 반복하는 심리적 콤플렉스를 뜻한다.
11. 모리 타헤리포어, 『사람은 무엇으로 움직이는가』(인플루엔셜, 2021), 253-254쪽
12. 2015년 헌재판결 이후로 성기 등을 드러낸 것이 아닌 이상 과다노출의 구성요건에 해당되지 않는 것으로 경범죄처벌법이 개정되었다.
13. 조우성, 『한 개의 기쁨이 천 개의 슬픔을 이긴다 II』(서삼독, 2022), 151쪽 사례 참조
14. 모리 타헤리포어, 『사람은 무엇으로 움직이는가』(인플루엔셜, 2021), 161쪽

15. 위 모리 타헤리포어의 책, 156쪽

16. MBTI(Myers-Briggs Type Indicator)는 마이어스(Myers)와 브릭스(Briggs)가 스위스의 정신분석학자인 카를 융(Carl Jung)의 심리 유형론을 토대로 고안한 자기 보고식 성격 유형 검사 도구이다. MBTI는 16가지 성격 유형을 설명하여, 성격적 특성과 행동의 관계를 이해하도록 돕는다.

17. 타인으로부터 지나치게 칭찬이나 인정을 받고 싶어 하는 심리를'파에톤 콤플렉스'라고 한다. 그리스 신화에서 파에톤은 자신의 아버지인 태양신 헬리오스와 타인에게 인정받기만을 갈구하다 결국 죽음으로 파멸하고 만다.

18. 류재언, 『협상바이블』(한스미디어, 2018), 80쪽 참조

19. 위 조우성의 책, 37쪽 사례 참조

20. Sara J. Solnicka, David Hemenway, "Is more always better?; A survey on positional concerns"(Journal of economic behavior & Organization vol.37, 1998)

21. 조우성, 『한 개의 기쁨이 천 개의 슬픔을 이긴다 I 』(서삼독, 2022), 261쪽 사례 참조

22. 남아공에 정착한 네덜란드계 백인집단이 쓰는 언어

23. 이 내용 중의 상당수는 로버트 치알다니의 명저 『설득의 심리학』(21세기 북스, 2023)에서 착안하였다.

24. Michael G. Efran & E.W.J.Patterson, "Voters vote beautiful; the effect of physical on a national election"(Canadian journal of behavioral science vol.6, no.4, 1974)

25. 김준기, "돌아오지 않는 다리를 건너는 검찰"(경향신문, 2023. 2. 16.자) 참조

26. 검찰이 피의자와의 협상을 통해 자백을 받아내는 대신 형량을 감경해주는 제도

27. 짐 캠프, 『Start with No』(청림출판, 2003)

28. 조우성, 『한 개의 기쁨이 천 개의 슬픔을 이긴다 II 』(서삼독, 2022), 23쪽 사례 참조

29. 항구에서 배를 정박시킬 때 닻(anchor)을 내리면 배는 물결의 흐름에 따라 닻의 주변을 맴돌게 된다.

30. Steve Martin, "98% of HBR readers love this article"(Harvard business review 90, 2012), 23~25쪽 참조

31. 김연철, "김연철의 협상의 추억 ; 성공한 협상 오지 않는 평화"(한겨레21 제973호)

상대의 마음을 훔치는 협상

지은이 김성진
펴낸이 양오봉
펴낸곳 전북대학교출판문화원

초판 1쇄 발행 2025. 6. 10.
초판 2쇄 발행 2025. 6. 20.

전북대학교출판문화원 전북특별자치도 전주시 완산구 어진길 32 (풍남동2가)
전화 (063) 219-5319~5322
FAX (063) 219-5323
출판등록 2012년 8월 20일 제465-2012-000021호

값 20,000원

ISBN 979-11-6372-254-0 03320